数字营销产品设计

徐立萍 程海燕 编著

南京大学出版社

图书在版编目（CIP）数据

数字营销产品设计 / 徐立萍，程海燕编著 . -- 南京：南京大学出版社，2019.1（2021.7 重印）
ISBN 978-7-305-21491-2

Ⅰ.①数…　Ⅱ.①徐…　Ⅲ.①网络营销　Ⅳ.① F713.365.2

中国版本图书馆 CIP 数据核字（2019）第 012782 号

出版发行　南京大学出版社
社　　址　南京市汉口路22号　　　　　　　邮　编　210093
出 版 人　金鑫荣

书　　名　**数字营销产品设计**
编　　著　徐立萍　程海燕
责任编辑　武　萌　沈　洁　　　　编辑热线　025-83592123

照　　排　南京新华丰制版有限公司
印　　刷　南京凯德印刷有限公司
开　　本　880×1092　1/16　印张　7　　字数　160　千
版　　次　2019年1月第1版　2021年7月第2次印刷
ISBN 978-7-305-21491-2
定　　价　46.00元

网址：http://www.njupco.com
官方微博：http://weibo.com/njupco
微信服务号：njuyuexue
销售咨询热线：（025）83594756

前　言

随着数字技术的快速发展及媒体形式的多样化改变了传统的营销手段。"互联网+"时代，信息传播方式有了新的形式。新技术的不断引进和普及，为数字营销的开展做足了铺垫，新的营销模式即尽可能地利用先进的计算机网络技术，以最有效、最省钱的方式谋求新市场的开拓和新消费者的挖掘。随着人们获取信息的渠道以及阅读习惯的改变，手机成为获取用户的重要终端。本书以微信公众平台、推文、交互H5等几种新的促进营销的信息传播方式为入手点，深入介绍如何设计和制作出好的数字营销产品，使读者能够快速掌握设计技巧及相关制作软件的操作技巧。

全书共分六章，主要内容包括数字营销产品概述、如何利用有效的信息赢得市场、微信公众平台的开发、制作与运营以及微场景和H5设计与制作。本书系统的讲解了目前利用"互联网+"平台进行信息推广，进行营销的现状，有的放矢的介绍了微平台相关产品的设计与制作。全书采用案例讲解的方法，深入浅出、图文并茂、结构清晰，使读者能够快速、便捷的掌握设计技巧及软件操作，不仅适合于希望进入相关设计领域的自学者使用，还适合于开设相关设计课程的院校用作教学资料。

本书紧密结合数字媒体艺术设计人才培养的目标，旨在培养有一定理论基础的高素质、高技术人才，培养学生在数字营销产品设计过程中发现问题、解决问题的能力。本书由上海出版印刷高等专科学校徐立萍老师、上海理工大学程海燕老师负责，受到高等职业教育创新发展行动计划（2015-2018年）XM-01-01数字媒体艺术设计重点专业建设项目的资助，同时感谢为编著本书付出大量心血的姚怡宁、朱凤瑛同学，以及为本书编写提供设计案例的沈如楠、居可馨同学。同时感谢上海装帧创意转化与研发平台提供的书籍装帧设计。

由于作者水平有限，书中不足之处在所难免，敬请读者批评和指正。

编者

2018-11-15

目　录

第一章

数字营销产品设计概述

　　数字营销的兴起，有着坚实的技术、社会、经济和政策背景。从政策和技术发展层面看，在国家产业政策的支持下，互联网、3G 等产业链条迅速成长。一方面，国外的先进技术被迅速引进，产业规模不断膨胀；另一方面，涌现出了以传统三大门户（新浪、搜狐、网易）和以 BAT（百度、阿里巴巴、腾讯的首字母）为代表的"新三剑客"等一批影响巨大的互联网企业。这些企业在改变着媒体生态、消费者媒触习惯的同时，也在改变着人们的行为模式以及思维方式（最典型的是网购的流行、搜索习惯的养成等）。新技术的不断引进和普及，为数字营销的开展做足了铺垫。

第一节　数字营销概论

所谓数字营销，就是指借助于互联网络、电脑通信技术和数字交互式媒体来实现营销目标的一种营销方式。数字营销将尽可能地利用先进的计算机网络技术，以求最有效、最省钱地谋求新的市场的开拓和新的消费者的挖掘。

数字营销是基于明确的数据库对象，通过数字化多媒体渠道，比如电话、短信、邮件、电子传真、网络平台等数字化媒体通道，实现营销精准化，营销效果可量化、数据化的一种高层次营销活动。

数字营销之前曾被看作是特殊领域的独立营销形式，但是，由于它提供了相同的受众沟通方式（以数字形式），2003 年开始已经经常被看作是能够涉及绝大多数的传统营销领域的营销形式。

在数字经济时代，传统企业实现数字化时，必须把数字营销作为一个重要的方面来关注，变革原本不能满足需要的营销思想、模式和策略，实现新的营销方式。数字营销不仅仅是一种技术手段的革命，而且包含了更深层的观念革命。它是目标营销、直接营销、分散营销、客户导向营销、双向互动营销、远程或全球营销、虚拟营销、无纸化交易、客户参与式营销的综合。数字营销赋予了营销组合以新的内涵，其功能主要有信息交换、网上购买、网上出版、电子货币、网上广告、企业公关等，是数字经济时代企业主要的营销方式和发展趋势。

一、数字营销手段

数字营销手段总的说就是"推"与"拉"："拉"式数字营销技术使用户参与到查找和直接抓取内容的活动中去，如：网站/博客和流媒体（音频和视频）。在这些例子中，用户会有一个专门的链接（URL）来查看内容。

在"推"式数字营销技术的活动中，既包括营销人员（信息制造者），也包括接收者（用户）。如：电子邮件、短信、RSS 订阅等。在这些例子中，为了信息能够被用户接收到，营销人员必须发送信息给用户。

二、数字营销实施方法

在增加营销预算所占百分比并将渠道支出集中用于数字活动时，注意力最应集中在管理 4 个核心价值源上。

首先，对自己的活动进行协调，使消费者全程参与日益流行的数字化购买之旅。

第二，在媒体上发布有助于消费者树立自己个人营销身份形象的内容，利用消费者对其品牌的兴趣，并在这一过程中充当品牌大使。

第三，思考为产品、细分市场、渠道和促销活动所创作的数量惊人的内容。

最后，这些营销商需要从战略上谋划，如何收集和利用如今已经多到泛滥程度的数字数据。以前习惯于从家人或朋友处了解产品口碑并获得建议的消费者，现在开始阅读在线评论，在网站上对产品特性和价格进行比较，并通过社交网站对各种选择进行讨论。这种信息流不仅增强了消费者的能力，而且还使营销部门在消费者积极地了解产品种类并对选择进行评估时，能够参与与消费者的对话。

三、数字营销产品类别

品牌广告，搜索引擎，网络社区营销，网络游戏植入营销，网络视频营销，IM 营销，电子杂志营销等，基于以互联网产品技术为核心的 E-Marketing、E-Commerce、E-Club 三大平台支柱，博拉首创并定位于"E2C 数字商业模式"，业务从汽车领域发展到快消、金融、房产、旅游、影视、3C、IT、政府、教育、外贸等十几个行业。

四、数字营销对营销宣传产品设计的影响

近些年来，随着互联网以及移动商务的迅猛发展，电子商务的重要性日益突出。很多企业开始成立电子商务部门，建立自己的网站开展电子商务、网络营销工作。它能在网络上低成本、高效率、大幅度地推广自己的企业和产品，有效地将客户点击率真正转化为成交率，精准性地控制企业营销成本，让企业营销推广战略对同行以及竞争对手有很好的保密性。

通过交互媒体实现数字营销目的的产品主要有：手机短信、H5 页面、网络视频广告、社交媒体、数字户外广告，本文指的数字营销产品即此类作品的设计。

1. 数字营销手段要求产品设计要注意什么问题

（1）使用者是谁？

（2）什么状态下可以进行操作？

（3）进行什么样的操作？

（4）为什么需要这样的操作？

（5）在哪个页面操作？

（6）操作后状态会发生什么？

（7）是否有时间限制？

（8）是否有地理位置限制？

（9）是否有设备限制？

五、数字营销产品案例赏析

案例1：天猫用创意讲故事的——双11全球狂欢节

双十一已经日渐成为电商一年一度的狂欢节，为了吸引更多的「剁手党」，2015年天猫又开展了一系列营销活动，以全天交易额912.17亿元的新数据刷新了世界记录。除了在电视、楼宇、平面上砸了铺天盖地的广告，他们还花了心思设计了一个开场H5页面，推出系列TVC广告，甚至还把创意的故事搬到线下，拉近品牌和顾客的距离。

这次狂欢节最先由天猫赠饮500万瓶定制版可口可乐拉开的序幕，为此他们做了一个颜值与巧思并存的H5微网站，演绎这个名叫「由我开场」的活动。在这个H5界面中，他们把你的朋友圈变成了一个红红火火的舞台，有憨态可掬的天猫，有无限畅饮的可口可乐，还有活力四射的乐队，让「你」来为双11开场，把朋友圈里的朋友都喊出来狂欢。除此之外，他们还推出了一支「七年之痒」文艺片和四支脑洞大开的「Ready购」广告片为活动造势。之后，天猫还携手苏宁易购、吉列、kindle、New Balance、欧莱雅、美宝莲、无印良品、微软等14个品牌，以及20多位艺术家们一起在1平米的猫头形画框里，讲述有关双11的故事。这些作品中不乏创意的元素，许多更是成为平面海报在各大城市的地铁公交站台出现。10月31日，「双11分之一」创意主题艺术展还在北京国贸站、北京青年路站、上海徐家汇站上线。

案例 2：杜蕾斯：第一座液体美术馆，换个角度说「性」——用一座液体美术馆巧妙地打破了人们对「性」的固有认识

美术馆在上线第一天，这个永久在线的杜蕾斯液体美术馆就突破了 100 万浏览量。

这个线上液体美术馆通过 H5 页面呈现，滑动页面你就能看到全球 12 位艺术家的画作，能听到窦唯《漓江水》的背景音乐，还能在美术馆的各个角落发现更多惊喜。区别于其他的 H5 页面，液体美术馆完全是立体呈现的，由 345 块面体、61253 个圆心、254731 条直线、65486 次交叉组成。杜蕾斯想要找到一种办法去转变大部分消费者对于情趣啫喱系列产品的偏见。通过数据调研，他们发现受众普遍对于这款产品存在认知盲点，所以他们通过多次头脑风暴，最终决定以「艺术展」的概念改变人们的固有认知，让性和情趣得以连接。为此他们一共花了 10 个工作日，前后共否定了 7 个版本的方案，终于才打造出这个美术馆。这次的展览主题为「液体主义」，强调杜蕾斯情趣啫喱系列产品与性之间的关系。除了能看到几位艺术家的精美画作外，环时互动还增加了

这个 H5 页面的互动性，比如其中一个页面里有一扇门需要参观者找到藏在别处的钥匙才能打开，而钥匙竟然被藏在了另一间房间的马桶里。

案例 3：京东：618 活动，以互动营销拉近消费者距离

在天猫双十一的冲击下，京东 618 的营销也成为了大众关注的一个焦点，这一次京东的营销围绕着「互动」，更多的是让消费者参与到其中来，无论是心灵的沟通还是亲身的体验，切实「初心不变」的主题，以消费者的视角成功策划了这次营销。

2015 年恰逢京东成立 12 周年，所以在这次 618 的预热阶段，京东围绕「初心不变」的主题，

携手李娜、谢霆锋、刘强东，与消费者进行了一次关于「变与不变」的心灵对话。由杨宗纬演唱，小柯作词作曲的主题曲《我变了我没变》，与12周年品牌广告同期上线。在京东12周年广告的铺垫之后，京东TVC「要庆祝总有理由」欢乐上线。片中主人公面对逆境时的乐观精神，不只让人会心一笑，更点燃了「庆祝」的热情。随后，手绘百人长图在北京青年路地铁站华丽亮相。犹如「清明上河图」的狂欢画面把618的欢庆落到线下，让过路的地铁一族感受到派对的氛围，体验感爆棚。就在人们惋惜不能亲临现场一睹风采时，京东将百人长图带到了线上，不失时机地推出了「全民寻找618」互动游戏：只要在规定时间内，在长图中找到指定数量的「618」，就能挑战成功。

第二节 数字营销产品设计概论

数字营销产品设计是指在新媒体的环境下由数字传播渠道以一种及时、相关、节省成本的方式（例如借助互联网），用电脑通信技术和数字交互式媒体数字化的技术给消费者呈现多种展现其产品方式的设计。

一、数字营销产品设计原则

对于数字营销产品的设计，首先你的内容是非常有趣的才能吸引观看者的注意力，你要能够激发起他的兴趣，所以你的设计需要一些幽默，比较好玩的故事性情节在里面，能够引起他的注意。

第二，奖励。当看完这个广告时，看客能够拿到实际的奖励，促使他想要继续把它看完。

第三，品牌。推送对于他相关的、关心的品牌或品类，提高他想要继续把它看下去的几率。

第四，好奇心。激发起他想要了解更多信息的欲望，逐一把你要传达的信息展示给他看，注意：这一类视频广告制作上的要求要高出其他一般广告，这是在视听享受上、音乐、画面等方面都提出了更高要求。

二、数字营销手段相应产品的设计流程

（1）项目前期沟通，对产品预期的方案。

（2）市场调查，调查大众对产品和类似产品的期望和雷区。

（3）产品策划，根据市场调查对前期方案的更改，形成策划。

（4）概念设计，根据策划少批量做出成品。

（5）市场反馈，把做出到概念设计投放市场，看大众的接受程度，对设计再做最后更改。

三、数字营销产品设计常用的工具

数字营销产品设计除了需要文字，文案的编排还需要Epub360的交互内容设计，Pr的

视频编辑，PS 对图像进行处理，Ai 对图形的绘制，Flash 制作一些情景动画等软件的辅助。

1.Epub360

Epub360 是上海意派信息科技有限公司开发的产品，是在线使用的交互内容设计平台，无需编程，可在线设计交互式电子杂志、品牌展示、产品指南、培训课件、交互童书、微网页等互动内容，一次创作，可同时发布到 iOS、安卓、桌面及微信。

专业级交互设定手势触发、摇一摇、拖拽交互、碰撞检测、重力感应、关联控制……并结合 Epub360 提供的数十种触发器控制，完全满足您个性化的交互设计需求。

2.视频编辑软件 Pr

Adobe Premiere 是一款常用的视频编辑软件，由 Adobe 公司推出。现在常用的有 CS4、CS5、CS6、CC、CC 2014、CC 2015 以及 CC 2017 版本，是一款编辑画面质量比较好的软件，它还提供了采集、剪辑、调色、美化音频、字幕添加、输出、DVD 刻录的一整套流程，且可以与 Adobe 公司推出的其他软件相互协作。目前这款软件广泛应用于广告制作和电视节目制作中。

3.图像处理软件 Photoshop

Adobe Photoshop，简称 "PS"，是由 Adobe Systems 开发和发行的图像处理软件。Photoshop 主要处理以像素所构成的数字图像（位图）。使用其众多的编修与绘图工具，可以有效地进行图片编辑工作。PS 有很多功能，在图像、图形、文字、视频、出版等各方面都有涉及。

（1）Photoshop 的发展历程

2003 年，Adobe Photoshop 8 被更名为 Adobe Photoshop CS。2013 年 7 月，Adobe 公司推出了最新版本的 Photoshop CC，自此，Photoshop CS6 作为 Adobe CS 系列的最后一个版本被新的 CC 系列取代。Adobe 只支持 Windows 操作系统和 Mac OS 操作系统版本的 Photoshop。

（2）Photoshop 应用领域

平面设计应用领域较广，在平面设计中起到了非常重要的作用，主要应用领域包括平面设计、广告摄影、影视创意、网页制作、后期修饰、视觉创意、界面设计。平面设计是 Photoshop 应用最为广泛的领域，无论是图书封面，还招帖、海报，这些平面印刷品都需要 Photoshop 软件对图像进行处理。

4.图形绘制软件 Illustrator

Adobe Illustrator 是一种应用于出版、多媒体和在线图像的工业标准矢量插画的软件，是一款非常好的图形绘制及图片处理工具。

Adobe Illustrator 是全球最著名的矢量图形软件，以其强大的功能和体贴用户的界面，已

经占据了全球矢量编辑软件中的大部分份额。据不完全统计，全球有 37% 的设计师在使用 Adobe Illustrator 进行艺术设计，尤其基于 Adobe 公司专利的 PostScript 技术的运用，Illustrator 已经完全占领专业的印刷出版领域。无论是线稿的设计者和专业插画家、生产多媒体图像的艺术家，还是互联网页或在线内容的制作者，使用过 Illustrator 后都会发现，其强大的功能和简洁的界面设计风格只有 Micromedia Freehand 能相比，但是在 2005 年 4 月 18 日，Micromedia 被 Adobe 公司收购。

（1）Illustrator 的发展历程

Adobe Illustrator 是 Adobe 系统公司推出的基于矢量的图形制作软件。最初是 1986 年为苹果公司麦金塔电脑设计开发的，1987 年 1 月发布。2001 年，发布 Adobe Illustrator 10.0。被纳入 Creative Suite 套装后不用数字编号，而改称 CS 版本。2002 年，发布 Adobe IllustratorCS。2012 年发行 Adobe Illustrator CS6，软件包括新的 Adobe Mercury Performance System，该系统具有 Mac OS 和 Windows 的本地 64 位支持，可执行打开、保存和导出大文件以及预览复杂设计等任务。2013 年发布 Illustrator CC，全新的 CC 版本增加了可变宽度笔触，针对 Web 和移动端进行了改进，增加了多个画板及触摸式创意工具等新鲜特性。使用全新的 Illustrator CC 你可以享用云端同步及快速分享你的设计。

（2）Illustrator 的应用领域

Illustrator 是一款专业图形设计工具，提供丰富的像素描绘功能以及顺畅灵活的矢量图编辑功能，能够快速创建设计工作流程。借助 Expression Design，可以为屏幕/网页或打印产品创建复杂的设计和图形元素。

Illustrator 集成文字处理、上色等功能,不仅在插图制作,在印刷制品(如广告传单、小册子)设计制作方面也广泛使用,事实上已经成为桌面出版（DTP）业界的默认标准。Illustrator 广泛应用于印刷出版、专业插画、多媒体图像处理和互联网页面的制作等，也可以为线稿提供较高的精度和控制，适合生产任何小型设计到大型的复杂项目。

5.动画制作 Flash

Flash 是一种动画创作与应用程序开发于一身的创作软件，到 2013 年 9 月 2 日为止，最新的零售版本为 AdobeFlashProfessionalCC（2013 年发布）。Adobe Flash Professional CC 为创

建数字动画、交互式 Web 站点、桌面应用程序以及手机应用程序开发提供了功能全面的创作和编辑环境。Flash 广泛用于创建吸引人的应用程序，它们包含丰富的视频、声音、图形和动画。可以在 Flash 中创建原始内容或者从其他 Adobe 应用程序（如 Photoshop 或 Illustrator）导入它们，快速设计简单的动画，以及使用 Adobe ActionScript 3.0 开发高级的交互式项目。设计人员和开发人员可使用它来创建演示文稿、应用程序和其他允许用户交互的内容。Flash 可以包含简单的动画、视频内容、复杂演示文稿和应用。

第二章
如何用价值信息赢得营销市场

有价值的内容才是社会化媒体时代网络营销成功的关键，它让你的内容容易为别人所知。

第一节 新营销模式的特征

随着搜索引擎、博客以及其他网络潮物的出现，使个人及企业购买产品（服务）的方式发生翻天覆地的变化。为何有些企业即使身处比较贫瘠的市场，仍能顺利开展业务？通过调研，我们发现有三个潮流因素在影响当今消费者的行为，人们更容易接受有价值的内容。

一、拓展业务所面临的挑战

拓展业务是营销的主要目的，是每一家企业面临的最大挑战。每一位企业的经营者以及营销专业人士都面临着同样的问题，如：怎样才能找到新客户？怎样才能让我个人及企业在竞争中与众不同，脱颖而出？如何才能获得更多的机会让更多的人知道我，从而获得更有效的全方位销售机会？等等。这些问题困扰了大家很多年，有些甚至变得越发难以解决。商家曾尝试吸引客户的关注，但效果却差强人意，主要表现在以下几个方面：

1. 投入大量的广告成本，却没有获得预期回报。

2. 曾经被寄予厚望的专业媒体，乐观的说是有点萎靡，严格的说已经完全不能发挥作用了。

3. 在竞争激烈的市场中，已有的渠道完全无法让你处于前列。

4. 人们对那些冷冰冰的营销电话、邮件已经完全失去了兴趣。

2006 年 Hot to Trot Marketing 曾经做过一项研究，电话营销企业平均每打 6 个电话可以促成一项生意；而 2011 年这个比例下降至 42 个电话；2012 年的形势更加严峻。

新闻网站 Mashable 近来进行的一项研究发现，44% 的广告邮件根本不会被接受者打开（此种方式浪费时间，邮政资源及纸张）；86% 的人在看到电视广告时会直接走开或换台；25 ~ 34 岁的年轻人中有 84% 的人会因为"不相关的或入侵式"的广告而直接关掉网页。传统的广告方式举步维艰。营销电话给人们生活带来的困扰让人反感。

然而，许多企业仍然沿用着那些旧有的营销手段。你会发现客户已经对这些手段不再感兴趣了，你应该专注于自己的事业，确信客户一定会从你的产品或者服务中受益，我们要引起他们的兴趣，让他们也能了解这些。

二、通过内容营销提升自身形象

虽然在社会环境和经济环境的不断变迁中，很多企业不适应发展而面临困境。然而，有些企业即使所处的市场环境极其恶劣仍然能够取得成功，他们始终引领潮流发展的方向——其中最大的依靠就是他们的网站和社会媒体。他们的网站扩展迅速，用温和的方式传递着容易被人们接受的信息。不需要打促销电话，也不需要铺天盖地的广告和促销邮件，仍然可以把自己的信息高效地传递给客户。按行业划分，营销致胜的专家或企业主要有：

1. 独立的专业人士，如：网页设计师伊恩·克拉里奇的博客设计美丽、大方，他的作品也因此而誉满全球，NASA 的网站就是其代表作品：www.iainclaridge.co.uk。

2. 营销策划师布莱恩尼·托马斯常通过网络与小企业客户分享有价值的营销技巧，她的企业 3 年营业额高达 80 万英镑（www.bryonythomas.com）。

3. 专业企业，Inksters 律师事务所打破传统事务所很少在网络上进行营销的规律，他们的专家经常通过推特、网站及视频分享有价值的内容。其 20% 的新客户来源于网络，个人咨询业务也以网络为主（www.inksters.com）。

4. 创意企业，Yoke 是一家设计工作室，他们的网页内容丰富、绚丽，还有吸引人的标题和推特的大力推广，成立仅 6 周就客户爆满，另外还有不少人在排队等候（thisisyoke.com）。

5. B2C 电子商务，英国极限运动用品企业 Endurancelife，凭借在网上分享有价值的内容，一年之内它在 Facebook 上的粉丝从 0 上升到 15000 名，参与企业活动的人数达到了 2 倍，该企业也由此一跃成为全球运动用品知名品牌（www.Endurancelife.com）。

6. 大型企业，可口可乐素来重视广告创意，2012 年可口可乐宣布今后将着重分享有价值的内容以期获得商业增长（www.coca-cola.co.uk）。

7.

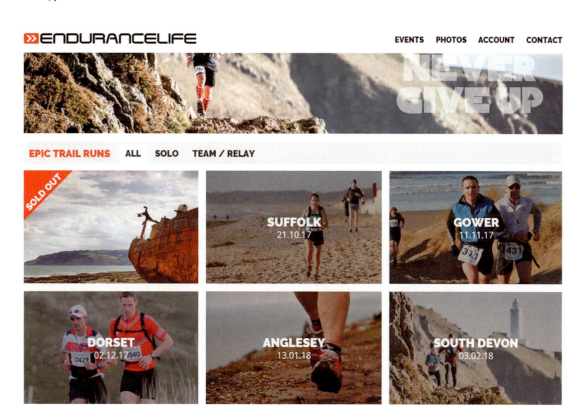

三、成功企业营销的正确方式

用传统的方式进行营销常会吃"闭门羹"，与之相比，内容营销方式则可以获得更大的收益，比如更高的效率，更大的回报以及更加舒适的感觉。他们会向有营销价值的特定客户群体无私地展现自身的价值，而他们的慷慨也将得以回报。

1. 展开在线营销

他们会主动进行在线营销活动，无私地在互联网上分享自己的知识，应该说他们选择了正确的营销策略。

2. 发布有价值的内容

他们的营销活动和网站建设一直坚持自主创新的原则，分享有价值的内容，不公然发布直接的销售信息。他们的网站上不仅有大众的在线说明，还有针对客户类型而制定的帮助信息。

3. 文字清晰易懂，内容简洁明快

他们清楚自己的最终目的，也了解自己所针对的客户群体。网站上的语言通俗易懂，让浏览者能够迅速了解到他们的商业类型以及提供的服务，这种做法受到了良好的成效。他们为客户制定了有针对性的相关内容。

4. 慷慨大方，有奉献精神

他们深刻理解"将欲取之，必先予之"。他们会在网站上发布一些对购买者有益的，有价值的信息。

5. 以质量为旗号

他们在网上所分享的并不是那些过时的旧信息，也不是为了让搜索引擎更容易搜索到而制作的虚假信息。他们的信息是自己原创的，真正有益处的，这些内容才是让企业脱颖而出的决定因素。

所有这些企业都把有价值的内容当作营销的核心。他们把自己的知识、经验和思维转化成对特定客户有意义，有帮助的信息。他们把这些信息发布出来，并广泛推广，潜在的客户无论以前是否购买过该企业的产品或服务都可以获得这些有用的信息。由此，企业树立起了良好的形象，获得了更多的 leads，销售额自然会节节上升，体现"双赢"。

这些企业主动推销自己，不停和外界交流，开展各种活动目的是为了稳住自己的客户，向客户提供帮助。他们根据网络信息的指导，真正了解了客户，并由此进入一个正向循环。他们不断分享有创造性的新知识，从而不断获得客户的关注和信赖。

四、改变消费者行为的三个要素

现如今，有价值的内容变得持续走俏，以前着重于自我推销的营销技巧失去了往日的风光，这些改变是因为消费者的心理状态改变了。而影响消费者心理状态的主要有互联网、信任度和社交网页。

1. 互联网——改变了游戏规则

过去，如果一位潜在的客户希望了解某款产品或服务的信息，他首先要与企业进行联系，与某位销售人员预订时间详细了解企业信息。此时他对直销及营销活动是持欢迎态度的，因为他无法从其他渠道获得自己想要的信息。

今天互联网已成为消费者的首选信息来源。消费者会利用谷歌、百度等来搜索信息，会在社交网络中寻求推荐，会访问一些网站以帮助自己做出决定。相比人工的服务，互联网更能帮助其解决问题，互联网把消费者和销售人员直接联系了起来。据统计，2011 年，英国约 77 成年人使用互联网搜索商品或服务信息，这些人中 80%~85% 年龄在 35~64 岁之间。

对于企业来说，网站也是绝对必要的，当网站逐步成长为辅助销售及吸引客户的主要力量后，网站内容的价值便凸显出来。有价值的内容能提升客户搜索到企业的几率，让企业在激烈的竞争中脱颖而出，从而与客户之间建立起一种互利互惠的良好关系。

互联网用强大的网络工具为企业提供了更多机遇。如，微信平台、博客、电子读物等操作方便的网络系统，YouTube，Vimeo，Slideshare 及 Wechat 等意味着企业有更多的平台去创建并发布属于自己的内容，不用向网页开发商付费，也不用在付费媒体上发布文章就可以自由更新内容。企业能够取得控制权，自力更生地完成所有任务，免费公开企业思路，分享知识。这对于大多数企业是巨大的机遇。

2. 信任度——我们正在一个充满怀疑的世界里进行销售和营销

如今，我们生活在一个浮躁不安的社会中。从达沃斯世界财富论坛的《2012 埃德尔曼信任度晴雨表》中可以看出：截至 2012 年，人们对政府的信任度下降了 9%，跌至 43%；对企业的信任度则由 55% 下降至 53%。

随着消费者遭遇了太多的销售陷阱，不信任感的逐渐加深，面对推销的信息时，消费者已经学会了把这些杂音排除在外；忽略掉大多数的促销信息；把直销邮件直接扔进垃圾箱；挂掉无聊的电话；迅速扭转方向避开推销人员。

只有能让消费者感兴趣的，理解消费者的处境，并且试图帮助消费者——慷慨大方，真诚友善，为消费者提供符合实际情况有价值的信息而不是一味宣传自己的企业。

如果想成功进行营销，就要改变自我推销的方式。不要一味吹嘘，要学会展示自己的专业性，并树立起人性化、可信赖、对客户有帮助的形象，信任的建立对供求双方都有益处。

3. 社交网页——社交网络的兴起

这几年我们目睹了社交媒体的风起云涌，从开始时的 Friends Reunited 到后来的 Facebook，LinkedIn，twitter，YouTube，以及最近出现的 Google+，让人目不暇接。这些由新媒体搭建而成的社交网络把沟通从网下延伸到网上。据国家统计报告显示，英国的成年网络用户中，有 57% 的人参与了社交网络活动。因此，很难再把企业的信息区分为"技术资料"和社交信息。

除了心血来潮的冲动购物之外，正常情况下在做出购买决定之前，我们会先寻求一些推荐意见。无论是处在假日还是工作时间，最普通的第一反应就是询问熟识的人。社交媒体的推荐能力在此时就会显现，因此其中蕴含着巨大的商机。社交媒体轻而易举地打造出了一个巨大的网络沟通平台，我们"认识"以及"认识"我们的人数都在迅速增长。

五、新兴消费者的心理

新兴消费者的心理是"只要向我们提供优质的信息，我们就会做出最适合自己的选择。不要试图操纵我们做出购物的行为。请把注意力转变到如何改善我们的条件上"。消费者青睐有价值的内容，吸引人们上网的前三条原因是学习、娱乐、交友，绝不包括被推销。

所谓有价值的内容其实很简单——有教育意义的、能产生帮助的或者虽然内容平淡但却能够被搜索到并得到消费者欣赏的内容，这些都是有价值的内容。公众观点研究者 Roper Poll 于 2012 年进行了一项有关的研究：

● 80% 的商务决策者喜欢从文章中了解企业信息而不是从广告中获知。

● 77% 的人表示，即使杂志的内容是以销售为目的的，但只要信息有价值，也是可以接受的。

● 61% 的人表示，有价值的内容让他们感觉与企业的距离被拉近了，因此购买产品或服务的可能性会有所提高。

这是一个脱颖而出的好机会。对于那些善于把营销与客户的期望联系起来的销售人员来说，这是一个令人兴奋的大时代。在这个信任度低下的社会里，信息从我们的指尖流淌，谷歌是我们搜寻答案的地方，社交网络的信息远比传统媒体来的可信。有价值的内容才是我们追寻的目标。

第二节　能够赢得市场的有价值的内容

一、什么是有价值的内容

通常大众所说的"内容"是指所读到的东西，如网页、博客上的文章以及公开分享的视频、图片。在这里，"内容"则仅指知识与信息。

有价值的内容强调的是"内容"，它有很明确的目的性；是为特定人群创建的有用的信息；能够打动特定的客户。顾名思义，有价值的内容是指选中并组织、分享给客户的知识和信息；可以是有教育意义的有帮助或激励作用的内容，必须是客户欣赏和喜爱的内容。

在展开内容营销之前，你首先要先了解何种内容有价值，为什么其他的内容无法打动客户。有价值的内容往往应具有以下几个特点：

1. 能发挥作用——能起到教育、告知或娱乐等作用。

2. 有聚焦能力——对于特定的目标客户有一定的相关性和特殊的意义。

3. 内容清晰引人注目——讲述一个人们能够理解并容易产生共鸣的故事。

4. 高质量——制作精良，有一定的趣味性，言之有物。

5.有真实情感——用心去写，让人们感受到制作者的心意。

无论如何组合，以上特性都不可缺少，在内容传播的过程中，企业的商业特性必将展露无遗。情人眼里出西施。同样道理，要想有价值，内容必须从客户的角度而言有自己的特点，必须有存在的意义。

二、有价值的内容是一种正在崛起的精明的营销选择

有价值的内容已经跃升为精明的营销人的首选营销方式。内容营销协会 2012 年发布的研究报告显示，使用文章、媒体、博客及电子出版物等传播有价值的内容进行营销的活动量正呈上升趋势。白皮书的比例上升至 19%，博客及视频升至 27%。根据定制内容理事会的报告，68% 的首席营销官表示正在把预算从传统广告转移至新兴的营销模式。

目前进行有价值的内容营销时要视行业情况而定。从大多数报告中可以发现，随着计算机／软件及营销业务的发展，相关的专业服务相继出现，从而引领了此次潮流（最新版的 CMI B2B 内容营销趋势报告认为，该行业中的采纳率为 94%）。越来越多的经营者和经营人员开始相信有价值的内容营销作为一种营销工具是非常有效的。他们开始加大这方面的投入。平均 60% 的受访者表示正计划在未来 12 个月内增大内容营销的预算。

现如今，利用有价值的内容进行营销已经为越来越多的人所接受，更多的人把这些营销内容当作重要的信息来源。

虽然"内容"与"内容营销"等术语是近年来才出现的商务词汇，但是通过给出一些有价值的知识来吸引人们的关注的理念却并不新鲜。其实，早在互联网出现之前，米其林指南、果冻配方以及一些专业所发布的白皮书中已经对此有所阐述，网络的出现只是加速了它的发展进程。随着网页技术的进步以及社交媒体的全面铺开，发布并传播思想变得越来越简单，也越来越廉价。

优秀的营销方式始终都是有价值的，只是今天的社会让人们对那些不够优秀的营销方式完全失去了兴趣，甚至不能容忍它们的存在，也不再对其做出回应。用有价值的内容进行营销已经成为一个颇为成熟的方法，现在要做的是在全球范围内进一步推广它，让它渗透到各个行业中取得更大的成就。

三、商务人士必须了解的五个要点

市场已经改变，企业必须找到新的出路与客户接触。如果企业想在这个社会媒体占优势、信任度低下的世界里成功营销，就需要做到以下几点。

1. 突出的形象——便于客户寻找

企业一定希望消费者可以直接从网上搜索到你的商务信息。例如，"我想找个人帮我处理信息安全问题——信息安全管理顾问 Ascentor 在谷歌的检索结果中名列第一"。与此同时，企业还想让自己的信息在网络上被相关人士搜索到。又比如，"当我偶然看到管理顾问 Formicio 的关于 IT 部门转型的幻灯片时，其实我正在寻求一个让 IT 部门转型的思路"。使用

有价值的内容进行营销能大大增强企业的网络存在感，让更多的人发现。

2. 星级的质量——可以从竞争者中脱颖而出

当企业与对手展开竞争的时候，有价值的内容对其而言不仅仅是有所帮助，甚至可以说是起决定性作用。"很明显，他们更专业，能提供更切实的帮助，我了解他们的一切，知道他们对专业的热爱。只是一群看起来可以合作的人。这种印象提升了他们的信誉度，我相信他们。"这是一个展示企业的专业能力及价值的捷径，可以很好地吸引人们的注意。总之，开展内容营销的内容越有价值，就越能吸引人们参与其中。

3. 广泛的知名度——让更多人谈论你，并习惯于向你求助

寻找参考信息如大浪淘沙。有价值的内容则是真正的金沙，它让人们产生讨论和分享的兴趣。如果某条信息或文章使人们读后能感到愉快，那么他们会乐意把这条对他人有益或容易引起他人关注的信息分享出去。之后，之前向他们传递的商业信息便有可能转化为商机（否则他们可能已经把这些信息忘得一干二净了）。有价值的内容能够证明参考意见是正确的，能为你带来更多的声望。

4. 稳定的生存期——当他们需要购物时会想起你

一定要让人们记住你，兵器在需要购买时很方便的搜索到你。"他们的文章对我很有帮助，所以我注册接受他们的邮件，之后他们便继续给我发送相关信息。现在我需要购物，毫无疑问他们排在候选名单的第一位。"有价值的内容会让你在正确的时间出现在正确的地点。我们会告诉你如何确保自己的信息总是出现在客户喜欢光顾的位置。

5. 人性化的感觉——让他们逐渐喜欢你、信任你

要想取得营销胜利，就意味着让人们知道、喜欢、信任、记住你，这样当他们需要购买的时候才能想起。分享内容的选择至关重要，一定要把重点放在读者的感受上，而不是一味地吹嘘自己。有价值的内容可以为客户提供谈资，成为雇佣你的理由，它会展现出企业人性化的一面。

四、让企业获得更广泛的益处

从上述企业的实践中可以看出，有价值的内容能产生巨大的影响。他把企业装扮成一个让人感兴趣的技术专家；鼓励更多的人向你咨询意见；带来新的销售机会；有助于现有的机遇转化为销量；在社区媒体中打造属于你的网络世界；促成更多的咨询业务；为销售人员提供极佳的开拓业务的理由；让更多的人在购物时记得你；提升你在搜索引擎中的排名。

内容是性价比最高的营销投资之一，它所带来的回报是源源不断的。把有用的内容粘贴到网络上，它将为企业带来永久的利益。

五、如何把有价值的内容与客户联系起来

把内容做好，让企业有更大的发展空间，体验更多好处的营销方式能把企业与客户紧密联系起来。下面用某个企业的案例来讲述如何把内容与客户联系起来。

除了有价值的内容外，从搜索信息到销售成功还有许多环节：

1.潜在的客户遇到了一个需要解决的问题。

2.他们上网或者到谷歌进行特定搜索。

3.他们注意到你创建并发布在网络上与问题相关的一篇文章、一本电子出版物或者某段视频。

4.通过阅读，他们了解了你发布的内容，对你的企业有了直观的印象。

5.他们浏览你的网页，发现你在这方面真的很专业。

6.他们开始采取行动，注册并订阅你的电子期刊或博客，也可能会通过社交媒体与你联系。

7.几个月后，他们已经习惯于浏览你的博客或社交媒体，阅读你发布的电子期刊。他们从你那里听到的越多，对你的专业水准就越信赖也越欣赏。

8.当有需求的时候他们会想起你，联系你。

9.他们把你当成了联系人。

具体实施方法：

1.研究你的目标客户，思考他们会遇到哪些方面的问题。

2.规划将消费者培养成客户的路线。

3.记录创建那些内容可以回答客户在各个阶段所产生的问题。

第三节　有价值内容的指导原则

前两节主要讨论了为什么有价值的内容会成为当今营销的核心。同世界上的许多其他事物一样，商业运作的环境始终处于一种变化的状态，新的方法层出不穷。在尝试新策略之前有必要先建立一个牢固的基础。

本节将观察真正有价值的内容所具有的一些基本属性，证明这些内容与商务之间的关系，以及如何运用它们获取营销成功的方法。

一、指导内容的七项原则

不要认为自己已经了解并掌握了销售与营销的沟通技巧。有价值的意思并不是让我们"看看自己有多么伟大"，而是要了解"如何才能发挥出我们的作用——我们有问题的答案"。在着手创建有价值的内容前七项原则一定要牢记。

1.把客户放在第一位

当你为自己的企业／产品／服务感到骄傲的时候，你的客户对此并不感兴趣。他们关心的是你将如何满足他们的需求，帮助他们渡过难关。如果你希望他们能够购买更多的产品／服务，那么你关注的重点应该是他们而不是你自己。

许多企业在进行营销时都犯下了以自我为中心的错误。他们坚信营销的目的是不断地谈论自己的企业有多么神奇；说话的声音越响亮，给别人留下的"印象"就越好，得到的订单也越多。

诚然，营销的目的是为了帮助自己获得更多的商机，但是如果你希望别人欢迎你的营销行为而不是把它当作一种骚扰，那么请转变营销重点。谈每一笔业务的时候要把最大的利益让给客户，之后才是你的利益。我们不需要懂得复杂的航天科技，只要把握人的心理即可。如此一来，你的营销方式绝对会与众不同。

2. 我们在提供帮助，而不是在销售

关注客户的需求而不去谈论销售信息，这会让人接受不了。虽然让销售人员在以销售为目标的交流过程中一直对销售的渴望有点不近人情，但在这个极度狂躁的社会中这是唯一可行的沟通方法。

营销的最终目标是与客户建立起一种关系，让他们了解、喜欢、信任你，当需要购买的时候会考虑你。一旦你获得了人们的信任，他们就会视你为一个可以提供帮助的顾问，这样你就在销售过程中又向前迈进了一步。使用有价值的内容构建关系是第一步，他会帮你赢得销售的机会。

其实这种营销方法也是符合人之常情的。当你参加某次聚会时遇到了一个家伙，喋喋不休地向你讲述他的事情，介绍自己辉煌的职业生涯以及天才的孩子，而自己又无法摆脱他的时候，此时你一定是极度烦躁的。反之，如果你遇到的人对你本人很有兴趣，他总是向你提问，在认真倾听你的谈话时，你一定很乐于和他谈话。

因此，一定要把握住自己，切记不要把交流的重点放在"销售"上。如果你能管住自己，把重点放在传递有价值的信息上。

3. 把你掌握的知识免费传播出去

有价值的内容营销意味着人们无论是否与你交易都能从内容中获得价值，也就是说你要把一些辛苦得来的知识以免费的形式发布出去。

这条原则看似简单，但很多人都会有问题，觉得自己会因此失去竞争优势，其实不然。把知识封闭起来无助于商业关系的拓展。当做出购买决定的同时也是信任发生转变之时。如果你提前分享一些有价值的内容，人们会相信你是真的了解他们的问题，你是可靠的，你可以帮到他们。

实际上，你并没有泄漏具体的商业机密，只是发布了一些对客户有价值的信息。在客户眼中，作为信息的提供者你是当之无愧的权威。这也会提高你的竞争优势，不要惧怕竞争对手的抄袭而把你的专业知识雪藏起来——因为这样你会失掉与潜在客户联系的巨大机遇。

我们认为真正能发布出去的内容并不多，因此一定要把精华部分放到网上，分享出去。把它当作"商业上的因果循环"——付出的越多，得到的越多。

4. 定位到利基市场

数字时代谁与目标读者的关联度高，谁就能赢得商务竞争的胜利。他们是市场上受关注

程度最高的人——他们十分了解市场、了解自己的服务和顾客。

想要利用有价值的内容取得成功，就要像激光一样聚焦自己的客户及其具体需求。花点时间去了解下市场和客户的需求，然后再对内容做有效的定位。获得商业成功的关键在于专业划分的细致程度——认准目标全力投入，让你提供的内容在某个利基领域独放异彩。

如果你够专业，那么对重点内容的了解一定超过其他企业，你说的话会更恳切，更与众不同，也更容易引起别人的兴趣，你的专业形象也将得到进一步提升。

对于一家服务多个不同市场的大企业来说，这条原则的意思是要他在每个需要服务的利基市场都建立相应的专业内容。

对于资源有限的小企业来说，利基市场意味着许多艰难的抉择——你选择服务于哪个市场？在许多小企业中，利己的专业化是一个颇有争议的话题。不少人担心若是关注面过于狭窄可能会错失其他机会，比较稳妥的做法是在大的市场中寻求普遍的诉求。但是如果你无法完成专业化的进程，就会变得不伦不类，没有自身特点，一样要承担无法让人记住的风险——你的信息很快会被彻底淹没。你对客户的描述越准确，对问题的剖析越深刻，所展示的知识与主题越相关，你的内容就越有价值，成功的几率就越高。

5. 讲一个动听的故事

现如今数字时代的内容营销会有完全和以前不同的方式，它在谱写一个伟大的故事，这些故事和其中包含的伟大思想是传播的动力。

充满变革精神的主题像一根金线把所有共享的信息串联在一起——他们才是把客户与内容联系在一起的幕后功臣。定义正确的主题有助于提升内容的联系能力，同时还可以激励产生新思路。如果你的工作与客户的需求之间有交叠之处，那么一定会存在一个标记，他会为你提供沟通的基础。

6. 承诺质量

如何才能创造出不容易被忽视的有价值的内容？如果你真的想成功，那么一定要有极高的质量。优质的内容就是你的目标。

优质的内容离不开充满激情与创造力的优秀设计。单纯的推出一篇文笔上佳的文章是不够的。要想让时间宝贵的读者去关注你的信息，其中必须包含他们需要的内容，并且要有一定的吸引力。你所提供的文字要浅显易懂，网站要便于操作，页面要赏心悦目。无论是文字、视频还是音频都要确保质量。上乘的内容再配上顶级的设计，定能帮助你与客户建立联系，并在其脑海中留下深刻的印象。

7. 用心去写

真心、真意、真诚——尽管这个世界上有许多人都在做假，但你的内容绝不能半点掺假，知识必须遵循的底线。"关心你的客户"这句话已经成为许多企业的装饰品，更不用说让客户真的相信它。然而，我们确实需要创建与我们关心的内容有关的价值内容，并利用他们来改变客户的生活方式。有正确的动机催生出的内容往往会让人以一种完全不同的方式来接受。人们能够分辨出口头上的假关心和真心实意的在意。诚实的做一名渴望帮助别人的人，才能赢得销售上的胜利。

二、如何找到写作素材

准确把握消费者的脉搏，并写出他们想看的内容是件高难度的事。怎样才能确保我们制作的内容所反映的价值原则恰好与目标客户的想法一致？以下是确保内容满足客户需求的小贴士。

1. 倾听

客户一般会问哪种类型的问题？人们一直在向我们提问，随身带个笔记本，记下别人问你的问题。找出五条理由回答，每个问题都可以成为某篇微博的框架。

2. 研究

你认为市场中最大的问题是什么？到本行业中人气最旺的论坛上转一转，发现目前最热门的话题。把最吸引你的主题找出来，然后站在客户的角度上写一个简短的答疑博文（只要按照与客户进行沟通的方式把问题清楚地写下来就可以了）。目的是为了知道他们究竟想知道什么。

3. 采访

变换角色以采访者的姿态与客户、团队中的专家以及某些所仰望的业内人士面对面的交谈。用客户咨询你的问题向他们请教。可以把采访的内容以博文的形式发布到网站上，或者编辑成副本作为博文的骨架。

4. 民意调查

92% 的人相信民意调查报告中的所有内容。因此我们也来炮制一份，用一些有趣的数字作为大标题来引起客户的好奇心，提高其阅读的兴趣。

5. 改头换面

你是否有许多搁置未用的内容？对于大多数企业来说，只要做一次简单的核查就会发现许多有价值的"黄金内容"被忽视了，比如某些介绍性文字、在不同背景下进行的实验、撰写销售计划时搜索的资料，仔细分析一下你所拥有的内容——必要时可以打印出一份大纲来。把从网络上获得的东西进行智能修订后，就可以让更多人阅览。

三、超级点子王是如何炼成的

要想成为一个好的营销内容制定者，成为超级点子王，那就要从营销平台上去获取一些信息。

1. 亲口问问你的客户及其希望——没有比直接面对面的谈话更好的了。

2. 注意倾听本行业内顶级评论员或优秀博主的意见——他们有自己的消息来源。

3. 设置关键词，利用搜索网站上正在讨论的热点内容。

4. 你的博文中哪一篇得到的评论最多？多写一点同样主题的文章。

5. 在销售会谈中哪些问题是客户经常问到的？以博文的形式回答它。

6. 请一位相关的专家为你的博客撰写一篇博文。

7. 分享信息图解，用视觉化的方法站在不同角度揭示你的思路。

因此，要时常检查营销平台的内容是否具备有价值的内容的七条原则，认真思考营销内容中哪些内容是容易引起他人关注的，将真正有价值的内容保留下来。

第三章
微信公众平台

　　微信公众平台可以帮助企业开展移动电商及移动分销等多个层面的业务，实现微信的高效、精准营销。当今，微信公众平台的用途非常广泛，政府、媒体、企业、明星等都纷纷建立独立的微信公众账号平台，利用它进行个人、企业文化活动的宣传营销。

　　利用公众账号平台进行自媒体活动已成为一种潮流，简单来说就是进行一对多的媒体性行为活动，如商家通过基于微信公众平台对接的微信会员云营销系统用来展示商家微官网、微会员、微推送、微支付、微活动等，形成了一种主流的线上线下微信互动营销方式。

第一节 微信公众平台（公众号）概述

微信公众平台，又被称为微信公众号，是运营者通过公众号为微信用户提供资讯和服务的平台，其中公众平台开发接口是提供服务的基础，开发者在公众平台网站中创建公众号，获取接口权限后，可以通过阅读本接口文档来帮助开发。

一、微信公众平台（公众号）的发展历程

2011 年 1 月 21 日，腾讯公司推出了一款为智能终端提供即时通信服务的免费应用程序，并将这款程序命名为微信（Wechat）。微信支持跨通信运营商，跨操作系统平台，可以通过网络快速发送视频、图片和文字，同时提供了（如摇一摇，漂流瓶，朋友圈，公众平台等）丰富的插件应用，引起网民的关注。微信用户数量一路飙升，直至今天，微信用户已经突破 7 亿，成为移动互联网时代全球第一社交平台。当然，随着微信用户猛增，微信自身的功能也在不断地演进提升。在微信功能中，曾命名为"官号平台"、"媒体平台"的"公众平台"在 2012 年 8 月 23 日正式上线，开始发挥其独特的作用；2013 年 8 月，微信从 4.5 版升级到5.0 版，公众账号被分为订阅号与服务号，其中订阅号被折叠到二级页面进行归类，公众账号开始 APP 化；2014 年 3 月，微信支付正式开通并接受用户申请，喊了多年的"O2O"正式被微信钱包所定义；2016 年 1 月 11 日，微信事业部总裁张小龙提出微信应用号，用以代替部分 APP 功能。这一切都说明，用户在微信公众号上进行社交通信、好友分享、市场营销、客户管理、移动电源、金融投资等就只需轻轻地动动指尖，一切都可以方便、快捷地实现。微信公众号从腾讯公司一个本没有模块的概念开始，到现在已发展成拥有 7 亿多用户的超级用户。

二、微信公众平台（公众号）的分类、功能与区别

公众号是开发者或商家在微信公众平台上申请的应用账号，该账号与 QQ 账号互通，通过公众号，商家可在微信平台上实现和特定群体的文字、图片、语音、视频的全方位沟通、互动。

1. 公众号类别

公众号又分为：服务号，订阅号，小程序，企业号。

（1）服务号：是公众平台的一种账号类型，旨在为企业和组织提供更强大的业务服务与用户管理能力，主要偏向服务类交互，比较适合提供特定服务、电子商务、客户服务等应用，一般银行和企业做客户服务用的比较多。

（2）订阅号：是公众平台的一种账号类型，是为媒体和个人提供一种新的信息传播方式，

旨在为用户提供信息和资讯，一般用于媒体宣传推广等方向的比较多。

（3）小程序：是公众平台的一种账号类型，是一种不需要下载安装即可使用的应用。当用户关注了一个"应用号"之后，就相当于安装了一款 App，可以实现之前只能是原生态 App 可以实现的效果和功能，用户就可以实现对 App 的一些基本诉求。比如说，一些酷炫的页面与转场，一些可以直接和手机硬件交互的功能：录音、拍视频、调用手机的重力感应功能、GPS 功能等。

（4）企业号：是公众平台的一种账号类型，主要用于公司内部办公使用，具有实现企业内部沟通与内部协同管理的能力，需要现有成员的通讯信息验证才可以关注成功，适合企业客户注册。

2. 区别

微信平台提供的公众号、服务号、订阅号渐渐成为公众熟悉的服务平台，它们之间存在区别与联系。不同类别公众号功能、使用范围、支付功能等方面之间的区别如表 3-1 所示。

表3-1　不同类型公众号的区别

	服务号	订阅号	企业号	小程序
侧重功能	对用户进行服务	信息传播	生存运营管理	产品
使用范围	主要适用于媒体、企业、政府或其他有需求的组织	主要适用于个人、媒体、企业、政府或其他有需求的组织	主要适用于企业、政府、事业单位或其他有需求的组织	小程序，放弃了传统公众号的关注、群发、分享到朋友圈功能，而在设计规范、产品体验、运营规范都有自己的一套审核标准，旨在培养产品本身。小程序是无法分享到朋友圈的，但是发给好友和群是可以的。
推送消息显示位置	直接显示在微信对话列表中	显示在微信对话列表中"订阅号"文件夹中	直接显示在微信对话列表中	
推送消息的限制次数	每月四次	每天一条	每分钟 1000 次	
消息的保密性	可以转发和分享	可以转发和分享	可以转发和分享，但可对消息进行加密，加密的消息禁止转发和分享	
关注者体验	可以被任何威胁用户扫描关注	可以被任何威胁用户扫描关注	只有通讯录成员可关注	
自定义菜单	无须认证即可使用自定义菜单功能	通过认证之后可以使用自定义菜单功能	无须认证即可使用自定义菜单功能	
九大高级接口功能	通过认证后支持	不支持	通过认证后支持	
微信支付功能	通过认证后支持微信支付功能	无微信支付功能	通过认证后支持微信支付功能	
定制应用	不支持定制应用	不支持定制应用	支持定制应用，多个应用聚合成一个企业号	

三、微信公众平台（公众号）对企业运营的影响

微信作为品牌营销平台，相较于以往传统的营销模式在抢占市场机会、提升企业形象、与客户沟通等方面存在很多得天独厚的优势。

1. 抢占市场先机

随着智能手机的普及，微信已经慢慢从高收入群体走向大众化，毫无疑问，微信市场商机无限。所以，现在规模各异的公司、组织或个人都争先恐后地为自己注册公众号，为的就是在微信市场上获得一席之地。一个朗朗上口的公众号名字，往往让人容易记忆，能在微信市场上取得先机，抢占市场；而一个和公司形象相符的名字，能帮助您的公司在飞速发展的微信市场立于不败之地，争取到更多的商机。

2. 提升企业形象

微信公众号也是公司无形资产的一部分，也许不出两年，您的客户会主动向您询问贵公司的微信公众号。到那个时候才来注册微信公众号实在是有点跟不上潮流了，这一点特别是在服饰、美容、工艺品、通信、多媒体、旅游、社交、商贸等行业中，已非常明显。

3. 加强客户的沟通

微信公众号是一个更好与客户沟通的平台，通过一对一的推送，企业或品牌可以与"粉丝"开展个性化的互动活动，提供更加直接的互动体验。用户需要什么或想咨询什么，可以直接在微信公众号上直接交流，用户可以发表自己的意见，也可以直接在微信公众号上购买想要的产品或者服务。

4. 宣传成本低

微信公众平台的开发，让品牌有了一个完全免费的发布品牌及产品信息的机会，一些原本需要花费大量金钱才能办到的事，可以在微信上免费完成。

5. 向线下导流

微信可以给用户提供一个便捷的企业信息查询平台，如通过 LBS 的定位功能，企业可以告诉用户精确的最近店面信息甚至促销信息，能起到向线下导流的作用。

四、微信公众平台（公众号）的使用规则

1. 注册规范与步骤

（1）绑定的邮箱地址要求真实存在，通过该邮箱激活账号。

（2）填写运营者的手机号码并按要求成功完成验证。

（3）填写真实可信的身份资料（姓名、身份证号码、固定电话号码、单位名称、职务等信息）。

（4）上传真实有效并清晰可见的证件（身份证、营业执照、组织机构代码证）照片或扫描件。

（5）上传真实有效的授权书（加盖公章）。

（6）一个身份证可注册两个微信公众账号，一个手机号码可验证两个微信公众账号。

（7）注册时可选择成为订阅号或服务号，但选择后将不可更改。

（8）账号名称应当与功能介绍的内容相符。

（9）账号名称、头像、功能介绍等资料涉及色情、暴力等违法违规内容的，将不能注册。

（10）账号名称、头像、功能介绍等资料涉及侵害他人名誉权、肖像权、知识产权、商业秘密等合法权利的，将不能注册。

（11）与微信公众平台已有的微信公众账号名称重复较多的账号（涉嫌侵权），可能会无法注册。

（12）在微信公众平台批量注册大量相似微信公众账号的行为将会被禁止。

（13）中文版本的运营地区必须在大陆，海外版的运营地区必须在大陆以外。

（14）申请后 80 日未完成注册，微信公众账号申请注册流程可能被终止，终止后注册所使用邮箱信息将被取消申请注册状态，可用于新微信公众账号注册。

2. 认证规范需遵守《微信公众平台认证服务协议》及相关认证规则。

3. 微信公众账号行为规范中，以下行为严重违规并影响用户体验，还可能给其他运营者、用户及平台带来损害，一经发现将根据违规程度对该公众账号采取相应的处理措施。

（1）使用外挂行为未经腾讯书面许可使用插件、外挂或其他第三方工具、服务接入本服务和相关系统。例如：利用任何第三方工具或其他方式规避群发限制策略，包括但不限于用公众平台的单发功能来实现群发功能，意图规避公众平台对于群发次数的限制等。

（2）刷粉行为

①未经腾讯书面许可利用其他微信公众账号、微信账号和任何功能或第三方运营平台进行推广或互相推广的，包括但不限于：僵尸粉刷粉、公众账号互相推广、普通微信账号通过微信普通消息、附近的人打招呼、漂流瓶、摇一摇等任何形式推广公众账号，以及利用第三方平台进行互推等。

②我们定义的推广形式，包括但不限于：通过链接、头像、二维码、纯文字等各种形式完成的推广行为。

③制作、发布与以上行为相关的方法、工具，或对此类方法、工具进行运营或传播，无论这些行为是否出于商业目的，使用者账号都将被处理。

（3）诱导分享行为：以奖励或其他方式，强制或诱导用户将消息分享至朋友圈的行为。奖励的方式包括但不限于：实物奖品、虚拟奖品（积分、信息）等。

（4）恶意篡改功能行为：有目的性的对公众平台的功能或文字进行篡改，违反公众平台功能的原本用途或意义。

（5）浪费账号资源行为完成注册后，连续 210 日未登录，微信公众账号可能被终止使用，终止使用后注册所使用的邮箱、身份证、微信号等信息将被取消注册状态。

4. 微信公众账号发送内容规范

微信公众账号的发送内容需要遵守《微信公众平台服务协议》、相关法律法规的规定。

用户发送内容如涉及违反相关规定，一经发现将根据违规程度对公众账号采取相应的处理措施。

（1）侵权或侵犯隐私类内容

①主体侵权：擅自使用他人已经登记注册的企业名称或商标，侵犯他人企业名称专用权及商标专用权。擅自使用他人名称、头像，侵害他人名誉权、肖像权等合法权利。此类侵权行为一经发现，将对违规公众账号予以注销处理。

③内容侵权：未经授权发送他人原创文章，侵犯他人知识产权。未经授权发送他人身份证号码、照片等个人隐私资料，侵犯他人肖像权、隐私权等合法权益。捏造事实公然丑化他人人格，或用侮辱、诽谤等方式损害他人名誉。未经授权发送企业商业秘密，侵犯企业合法权益。首次出现此类侵权行为将对违规内容进行删除处理，多次出现或情节严重的将对违规公众账号予以一定期限内封号处理。

（2）色情及色情擦边类内容

①散布淫秽、色情内容，包括但不限于招嫖、寻找一夜情、性伴侣等内容。

②发送以色情为目的的情色文字、情色视频、情色漫画的内容，但不限于上述形式。

③长期发送色情擦边、性暗示类信息内容，以此来达到吸引用户的目的。

④暴力内容。

⑤散播人或动物被杀、致残以及枪击、刺伤、拷打等受伤情形的真实画面。

⑥出现描绘暴力或虐待儿童等内容。

第二节　微信公众平台（公众号）的账号管理

公众号的管理分为电脑管理和公众号手机助手登陆管理

一、电脑登录管理

电脑登录步骤如下：

1. 通过访问网页 https://mp.weixin.qq.com/，登录微信公众平台，如图 3-1 所示；

图 3-1　访问网页登录

2. 然后输入你的登录邮箱、微信号或 QQ 号，密码进入微信公众平台实现管理，如图 3-2 所示；

图 3-2　公众平台

3. 日常管理主要是处理留言消息，编辑图文消息，以及改善自动回复等。

二、手机助手登录管理

1. 首先请在个人的手机微信里，搜索并关注微信官方"公众号安全助手"账号，如图 3-3 所示；

2. 在公众号安全助手账号的功能栏中，随意点击一栏进入，如图 3-4 所示；

3. 接着请输入我们的微信公众号账号与密码，如图所示 3-5 所示；

4. 当登录成功以后，便可以看到自己微信公众号平台上的内容了，如当前用户总数、查看消息、群发消息等。

5. 在微信平台可以查看用户发来的求助消息，也可以在这里直接回复他们，非常的方便，如图 3-6 所示；

6. 在微信平台上可以直接创建图文消息，如下图 3-7 所示；

电脑网页登录管理和手机登录管理为用户提供了方便、快捷的方式进行微信公众平台的创建、运营及管理等操作。

图 3-3　手机登录进入公众号安全助手

图 3-4　公众号安全助手功能栏

图 3-5　微信公众平台

图 3-6　微信平台求助消息

图 3-7　新建群发消息

第三节 微信公众号申请

　　当企业和某组织需要使用微信公众平台进行推广，与用户之间搭起一座桥梁时，必须根据调研企业需求和用户需求，设计合理的微信公众平台，要对微信公众平台的名称、界面、功能进行详尽的设计，并根据企业活动进行推广，以达到信息传递的作用。首先要进行微信公众账号申请，流程如下：

　　1. 进入微信的官方网站：http://weixin.qq.com/，如图 3-8；点击【公众平台】，点击【注册】，如图 3-9 所示；

图 3-8　微信官网

图 3-9　微信公众号注册

　　2. 输入登录邮箱地址，和登陆微信公众平台的密码。点击【注册】如图 3-10 所示；

　　3. 激活公众平台账号，确认邮件已发送至你的注册邮箱，进入邮箱查看邮件，并激活公众平台账号，如图 3-11 所示；

　　4. 进入你的邮箱以后会收到一封激活微信账号的邮件，进入邮件后激活账号；

　　5. 补充相关相关信息，需要是真实并有效的资料，如图 3-12 所示；

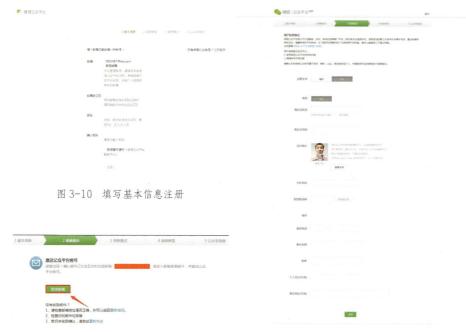

图 3-10　填写基本信息注册

图 3-11　微信公众号激活　　　　　　　　　图 3-12　登记信息

微信公众平台致力于打造真实、合法、有效的品牌推广平台，建立和维护良性互动、健康有序的平台秩序，为了更好地保障广大微信用户的利益，用户在登记信息时应坚持诚实守信的原则。

6. 设置公众账号基本信息：微信类型根据需求选择即可，公众号信息中的账号名称设置完成不能更改，其他的都根据个人需求输入，点击【确定】，如图 3-13，完成公众号的申请；

7. 注册完成后，可以进入微信公众平台进行相关操作，如图 3-14。

图 3-13　登记账号信息　　　　　　　　　　　图 3-14　进入微信公众平台

第四节　微信公众平台开发制作案例

一、微信公众平台工作界面

完成微信公众号注册之后，进入微信公众平台操作平台，操作界面如图 3-15 所示，由"首页"、"功能"、"小程序"、"管理"、"推广"、"统计"和"设置"等功能组成。

1. 首页

首页中显示内容如图 3-16 所示，方便运营者掌握公众号实时运营信息，主要包括：用户量、阅读量及点击量等情况，同时可以实现群发消息的功能，使运营者能及时根据实际情况对公众号内容或运营方式做出调整。

图 3-15　微信公众平台操作界面　　　　　　　图 3-16　首页信息

2. 功能区

功能区域主要包括自动回复、自定义菜单、投票管理三个主要操作功能，如图 3-17 所示。

（1）自动回复

自动回复功能是给公众号运营者提供的便捷回复功能，可以通过简单的设置"按关键字自动回复"、"被添加自动回复"、"消息自动回复"等功能实现快速回复。此功能中可以设定常用的文字 / 语言 / 图片 / 录音作为回复消息的内容，并可制定自动回复的规则。当订阅用户的行为符合自动回复规则的时候，就会收到自动回复的消息。

（2）自定义菜单

自定义菜单功能使公众号开发者或运营者实现添加菜单的操作，菜单项可根据用户设计需求进行设定，并可为其设置响应动作。用户可以通过点击菜单项，收到设定的响应，如：收取消息、跳转链接等。

选择操作界面功能区中的【自定义菜单】，界面如图 3-18，在菜单名称右侧的，可以在右侧加入新菜单，选择【菜单名称】上方，可添加对应"子菜单"；菜单对应动作设置界面如图 3-19 所示，包括三种情况：发送消息、跳转网页、小程序三个选项，分别实现不同的动作。

图 3-18 自定义菜单界面   图 3-19 菜单对应动作设置界面

（3）投票管理

投票管理功能是为收集微信公众号用户意见而设置的功能，主要用于为公众平台运营者收集用户对相关比赛、活动、选举等提出的意见，提高用户的参与度，例如：评选 XXX 大赛最佳作品奖，通过投票环节用户可以为大赛选手投票，参与活动，达到推广的效果。

投票管理中最重要的功能是新建投票功能，选择【功能】——【投票管理】，选择【新建投票】，弹出对话框，如图 3-20 所示；根据需要设置相关内容。设置完成后，在投票管理页面可以查看投票情况，如图 3-21 所示。

图 3-20　弹出的文本框

图 3-21　投票管理页面

3. 小程序

开通小程序模块后，公众号可快速接入小程序并在各种业务场景下使用小程序，方便用户更便捷地获取小程序提供的服务。开通小程序可通过两种方式：公众号关联已有的小程序、快速创建小程序。被关联的小程序可在各种业务场景下被使用，如群发文章、公众号介绍页、自定义菜单、模板消息等。

4. 管理区

管理功能区域主要包括消息管理、用户管理、素材管理三个主要功能，界面如图 3-22 所示。

管理

消息管理

用户管理

素材管理

图 3-22　管理功能区域

（1）消息管理

消息管理主要是对粉丝发送的即时消息（全部消息、收藏消息）进行管理，可以查看粉丝发送的即时消息，且可直接回复操作。在查看的消息中，可以根据需要选择【隐藏关键词消息】或【屏蔽骚扰信息】选项，实现隐蔽粉丝信息关键词及屏蔽骚扰信息的功能，让公众账号运营者更方便人工回复用户消息，如图 3-23 所示；

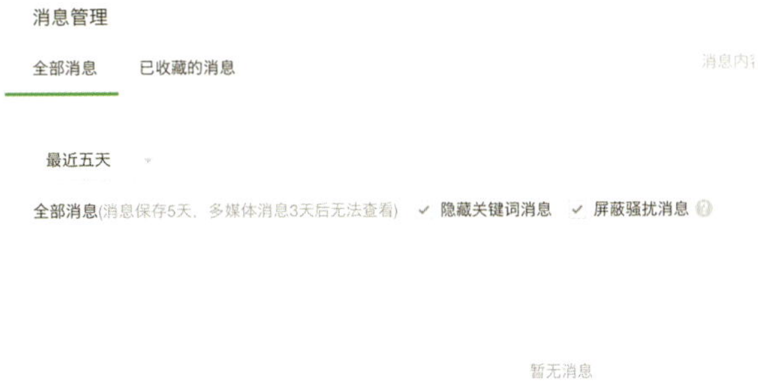

图 3-23　消息管理

（2）用户管理

用户管理是对微信公众号用户进行管理的操作，实现用户备注信息的更改及用户分组的管理。

（3）素材管理

素材管理主要是用来管理微信公众平台使用的图片、声音、视频和图文消息内容，是与用户直接发送信息的通道，如图3-24所示。

图3-24 【素材管理】页面

5. 推广

推广区域主要包括广告主、流量主两部分，如图3-25所示。

（1）广告主

公众账号运营者通过广告主功能可向不同性别、年龄、地区的微信用户精准推广自己的服务，从而获得潜在用户。

（2）流量主

流量主是公众账号运营者自愿将公众号内指定位置分享给广告主作广告展示，按月获得收入。公测期间关注用户数超过10万的微信公众账号均可提供广告展示服务，成为流量主。

6. 统计

统计功能主要用于对阅读量、新增用户等一系列关于公众号的数据信息进行分析，由用户分析、图文分析、菜单分析、消息分析、接口分析及网页分析等组成，如图3-26所示。

（1）用户分析：查看粉丝人数的变化。

（2）图文分析：查看图文页阅读，分享转发，原文页阅读和微信收藏的人数和次数。

📢 推广

广告主

流量主

图3-25 【推广】功能区域

◔ 统计

用户分析

图文分析

菜单分析

消息分析

接口分析

网页分析 🆕

图3-26 【统计】菜单

（3）消息分析：查看粉丝人数的变化和当前公众平台粉丝的分布情况。

（4）接口分析：查看接口调用次数、失败率、平均耗时、最大耗时。注：该模块只对开发者可见。

（5）网页分析：网页分析的页面由两部分数据组成：页面访问量和 JSSDK 调用统计。折线图部分可以看到页面每天的访问量，页面访问量下面包含了所有后台接口的名称，点击相应的名称也可以看到每个接口每天被调用的数据。

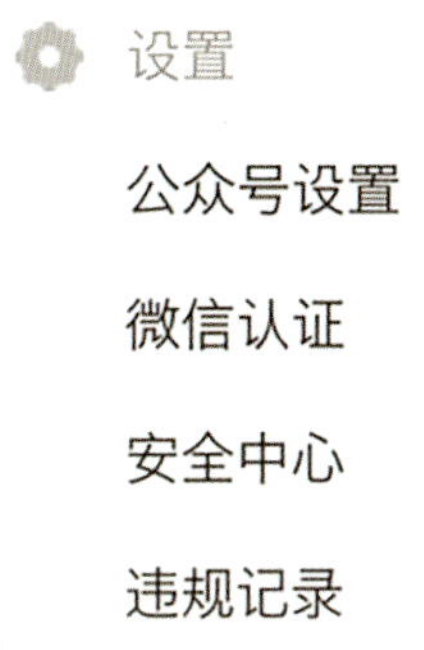

7. 设置

设置功能区主要包含公众号设置、微信认证、安全中心、违规记录四项功能，实现对公众号相关信息的设置，如图 3-27 所示。

8. 开发

开发功能主要包含基本配置、开发者工具、运维中心和接口权限，为开发者提供了相关功能。

⚙ 设置

公众号设置

微信认证

安全中心

违规记录

图 3-27 【设置】页面

二、微信公众平台操作实例

案例 1

案例名称：消息定时群发

案例说明：本案例主要利用"群发"功能来把准备好的推文发给关注该公众平台的粉丝，让粉丝收到文章后可以阅读或者转发。

设置群发消息注意事项如下：

1. 定时群发信息量的限制

● 订阅号（认证用户、非认证用户）在 1 天只能群发 1 条消息（每天 0 点更新，次数不会累加）；

● 服务号（认证用户、非认证用户），1 个月（按自然月）内可发送 4 条群发消息。

2. 定时群发时间限制

可以选择 5 分钟后的当日或次日两天内任意时刻定时群发，成功设置后不支持修改，但在确定设置之前可取消，且取消后不占用群发条数。

操作步骤：

（1）选择【首页】中的绿色按钮【新建群发】，弹出对话框如图 3-28。根据要求设置群发对象、群发地区及发送内容类别等信息，发送内容根据实际情况按

图 3-28 群发消息对话框

你可以选择5分钟后的今、明两天内任意时刻定时群发，成功设置后不支持修改，但在设定的时间之前可取消，取消后不占用群发条数。查看详情

发送时间　今天　∨　00　∨　时　47　∨　分

能定时群发1次　　　　【定时群发】　取消

图 3-29　定时发送时间设置

扫码后，请联系管理员(ZFY***30)进行验证

管理员微信号与运营者微信号可直接扫码验证，非管理员微信号扫码后需管理员验证通过。操作指引

图 3-30　微信号扫码验证

照需要进行选择：文字 / 语音 / 图片 / 视频等；

（2）设置完成群发内容，选择图 3-28 中【群发】，根据需求选择【群发】按钮右边的下拉列表箭头选择群发类别：定时群发或群发；

（3）如选择【定时群发】，在如图 3-29 对话框中设置定时群发事件，选择设置成功；

（4）设置成功后管理员微信号扫码验证通过，手机端确认即可群发成功，如图 3-30 所示。

案例 2

案例名称：导航栏制作

案例说明：本案例主要利用微信公众平台的自定义菜单功能来添加公众号的导航栏，实现公众号框架制作。

知识要点：利用自定义菜单建立的导航栏，通过编辑名称、链接等使之达到丰富公众号，方便操作的功能。

效果图：导航栏制作后效果如图 3-31 所示。

操作步骤：

（1）进入微信公众平台，选择【功能】|【自定义菜单】，打开【自定义菜单】对话框。如图 3-32 所示；

图 3-31　效果图　　　图 3-32　自定义菜单

（2）选择【菜单名称】，在菜单名称中输入名称为"泽顾门户"，菜单内容选择【发送消息】（如选择跳转网页是需有一个已有网页的链接；跳转小程序需要绑定已有的小程序），如图 3-33 所示；

（3）选择【泽顾门户】上方按钮【+】，添加【子菜单】。输入名称"泽顾简介"，菜单内容勾选【发送消息】，如图3-34 所示；

（4）同（3）添加【医疗保障】，【院内环境】，【优质

图 3-33　泽顾门户　　　图 3-34　【泽顾简介】

特色】,【收治对象】等子菜单,如图3-35所示;

(5)添加选择【泽顾门户】右方按钮,添加【子菜单】,如图3-36所示;

(6)输入名称【优质团队】,菜单内容勾选【发送消息】,如图3-37所示;

(7)同(5)、(6)在【优质团队】上添加【医疗团队】,【护理团队】和【康复团队】子菜单,如图3-38所示;

(8)同(5)在优质团队右侧添加菜单【泽顾风采】,如图3-39;

(9)同(3)在【泽顾风采】上添加【院内活动】,【公益活动】和【加入我们】子菜单,如图3-40所示。整体效果如图3-41所示。

(10)选择下方【菜单排序】,如图3-42所示;对换【优质团队】,【泽顾风采】位置,选择【完成】,效果如图3-43所示。

图 3-35 【护理院】子菜单

图 3-36 右方按钮

图 3-37 优质团队名称

图 3-38 【优质团队】子菜单

图 3-39 添加菜单

微信公众号的运营分为内容运营、用户运营、活动运营和营销推广。

1. 内容运营

申请了一个微信公众账号以后，首先要做的工作是把内容丰富起来，先做内容运营。通过定位内容、规划账号以及使用各种技巧来编辑内容，让内容看起来更加吸引人。

2. 用户运营

获取用户是微信运营的核心工作之一。运营好用户，就可以将更多的用户转化为客户，实现最终目的。

3. 活动运营

有了"粉丝"，必须让他们活跃起来，否则就成了"僵尸粉"。激活"粉丝"，通常的方式就是"活动"，通过活动来活跃用户，这个过程就是活动运营。

4. 营销推广

微信营销推广是基于微信平台，建立用户关系，创造并获取价值的过程。要让用户感觉到价值，并帮助用户解决问题，进而实现与用户之间的长期关系，并使用户产生购买行为。

在所有运营中，内容运营是第一步，只有内容吸引人，才会吸引更多的用户，达到营销目的。

第一节　微信公众平台推文制作工具

微信公众号开发工具分为图文排版工具、微场景工具等。目前市场常用的包括：i 排版，135 编辑器，秀多多编辑器。每个编辑器有各自的特点，但在功能上具有极高的相似度。这里以 i 排版为例介绍微信公众号的开发和制作。

一、图文排版工具——i 排版

i 排版微信编辑器隶属于北京小黄人科技有限公司，是一款排版效率高、界面简洁、样式原创设计的微信排版工具，其功能主要针对微信文章排版，支持全文编辑、实时预览、一键样式、一键添加签名的微信图文编辑器，同时带有短网址、超链接、弹幕样式、一键生成长微博等功能，帮助用户简洁高效完成排版编辑。目前，很多知名企业及自媒体都在使用 i 排版编辑器，如央视新闻、新华社、时尚集团、人民日报等知名媒体以及微信团队、万达、京东、滴滴等知名企业。

i 排版主要功能包括样式选择、更换颜色、插入图片、图片编辑及文字编辑等，同时包含设置签名、使用签名、滑动样式、源代码及交流反馈等较高级别交互功能。

二、i 排版基本操作

1. 注册、登录

通过浏览器进入 i 排版官网（网址）www.ipaiban.com，完成注册，登录后即可开始使用。

2. i 排版的操作界面

i 排版操作界面如图 4-1-1，主要包括样式库、颜色库、工具栏、操作区及功能区等部分。

样式库：样式库中有不同种类的样式，根据喜好和具体作用，来选择或结合不同样式。在修改样式时，可以选中文字后点击样式或在空白处插入样式后，将文字复制到样式中。

颜色库：标题与卡片中样式的颜色都可通过右上角的颜色编辑器更换。颜色可以自定义，挑选自己喜欢的颜色，或者直接输入固有颜色的 RGB 值。

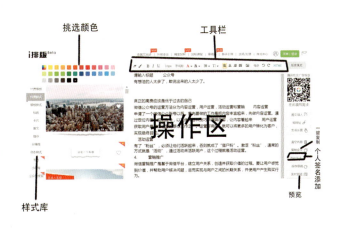

图 4-1-1　界面介绍

工具栏：工具栏主要包括字体样式，居中，字号等对文字的设计工具。根据文章的内容需求和个人喜好来选择。

功能区：①个人签名：用于制作自己专属的微名片，让公众号更特别。②实时预览：在完成对图文的排版后，可点击实时预览看最终效果，来决定是否再进行更改。③操作区：对文章的更改、排版等所有操作都在操作区完成。

3. 文件操作功能

（1）复制全文：图文全部排版好后，需发布时可以通过复制全文，将内容全部选中复制，黏贴在微信后台的新建图文页面到编辑器中，进行发布。

（2）保存草稿：未完成或日后还要编辑的图文可进行保存草稿，方便日后操作。

（3）编辑草稿：进入原有账号，点击保存的草稿文件，再次进行编辑。

三、i 排版主要功能

1. 样式

排版样式是根据个人的主题决定的，好的样式可以帮助推文更有吸引力，因此样式操作在 i 排版的作用非常关键。

（1）格式清除与一键排版

"i 排版"可以进行全文编辑，整篇文档复制进编辑器后，可先用橡皮擦清除格式，后点击一键排版（默认首行不缩进，照片居中显示）。

（2）样式应用

在需要修改样式时，选中文字后点击样式，或在空白处插入样式后，将文字复制到样式中。

（3）样式分类

● 编辑器模版分为标题、卡片、图文及其他四部分。

● 标题模板是针对文章标题的样式选择。

● 卡片库是针对编辑段落时提供的样式选择。

● 图文样式是对图片的编辑，将图片与文字融为一体，更清楚美观地向用户描述信息。（暂时只支持火狐 firefox 浏览器）

（4）样式换色

标题与卡片中样式的颜色都可以通过右上角的颜色编辑更换。颜色可以自定义。

（5）操作

选择样式主要通过两种方法实现，具体操作如下方法一、方法二。

方法一：

● 选中需要添加样式的内容。

● 从左侧样式分类列表中选择合适的样式。

● 点击一下，内容直接替换。

备注：本功能适用于所有【标题】【卡片】样式，如图 4-1-2；

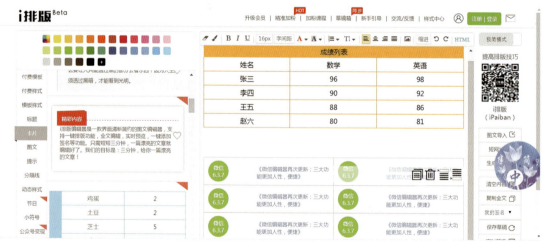

图 4-1-2 样式选择

方法二：

● 从左侧样式分类列表中选择合适的样式。

● 在所选择的样式中粘贴、输入内容，如图 4-1-3。

2. 颜色

在 i 排版中选择样式后可以根据自定义选择颜色，使样式模板多样化，更改颜色操作如下：

（1）在左侧上方的颜色条中选择颜色，如图 4-1-4。

（2）点击颜色条最后的【 】添加自己喜欢的颜色。

图 4-1-3　输入内容

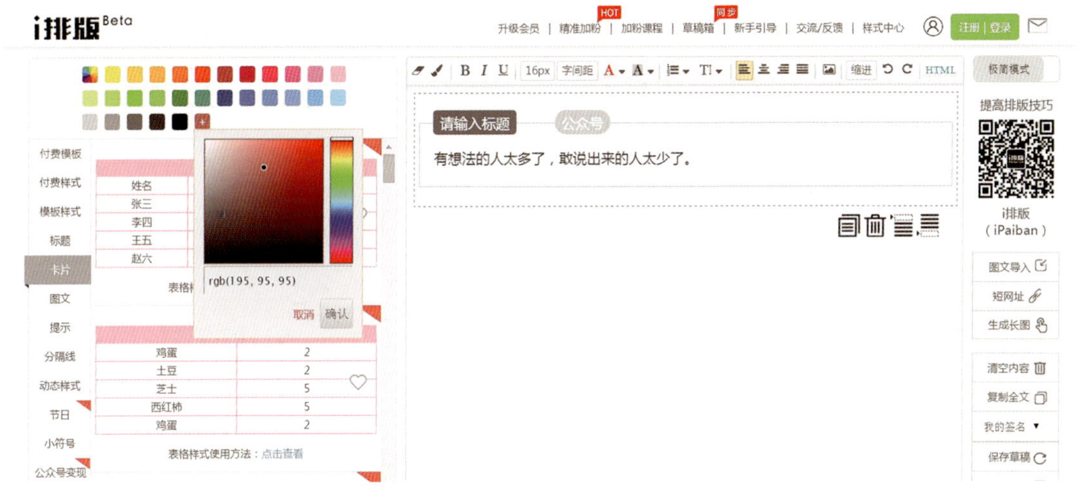

图 4-1-4　替换颜色

3）输入颜色的 RGB 值，添加新的颜色，点击颜色后，所有样式全部换色，再选择样式就可以了。

3. 插入图片

（1）插入本地图片：

● 点击工具条中【图片】按钮；

● 点击【选择图片】，选择 1 张或多张本地图片；

● 选择【开始上传】，上传完成后点击【确认】；

● 本地图片上传成功，如图 4-1-5。

（2）插入网络图片

在网络图片中点击鼠标右键，选择【复制图片】，打开 i 排版，在编辑框中，【Ctrl】+【V】或右键【粘贴】即可。

图 4-1-5　上传图片

4. 图片编辑

图片编辑使用图片工具条，操作如下：

1）点击图片，图片工具条自动出现，如图 4-1-6。

2）选中图片，点击【替换】上传新的图片。

3）一键【添加阴影】、【添加边框】、【变为圆形 / 方形】。

4）图片工具条功能可叠加使用，再次点击效果取消。

图 4-1-6　图片工具条

5. 格式编辑

1.设置行间距

（1）点击或选中需要调整行间距的段落,也可使用快捷键【Ctrl】+【A】,对全文调整间距。

（2）在工具条中选择【行间距】，选择 1 倍、1.5 倍、1.75 倍、2 倍，如图 4-1-7。

备注：推荐使用 1.5 倍或 1.75 倍。

图 4-1-7　行间距

2. 设置缩进

（1）光标点击需要缩进的段落，或【Ctrl】+【A】选择全文。

（2）在工具条中选择【缩进】，可设置 0—4 个字符的缩进效果。

6. 发布

（1）在 i 排版中编辑文章。

（2）点击底部【复制全文】按钮，一键复制。

（3）切换到微信后台，【Ctrl】+【V】粘贴，点击发布，如图 4-1-8。发布后可在自己的微信公众号上收到（手机版，电脑版同步更新）。

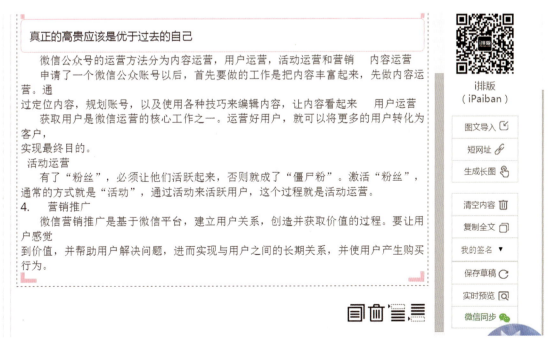

图 4-1-8　发布

第二节　推文设计与制作

案例名称：推文制作

案例说明：本案例主要利用"i排版"软件制作用于发布的推文

知识要点：利用【标题】,【图文】等功能,通过图文的插入编排使之达到提高推文的美感,吸引读者阅读的功能。

效果图：现展示的是部分效果,若想看推文制作后完整效果点击下文链接：如图 4-2-1,4-2-2

图 4-2-1　　　　　　　　　　　　　图 4-2-2

操作步骤：

（1）进入"i排版"页面,选择右边工具栏"颜色"选区,选择■颜色。

（2）工具栏中选择"提示"选项,样式库中选择与效果图相同样式,如图 4-2-3。在操作界面中双击样式,输入"点击上方蓝字关注我们",选中输入文字,在上方操作栏里选择 16px,更改字号为 16xp,如图 4-2-4。

（3）工具栏中选择"标题"选项,制作"我院概况"标题,同步骤（2）,如图 4-2-5。

（4）选择操作栏插入图片功能🖼,点击【点击选择图片】,如图 4-2-6。插入图片"DSC02665.JPG",选择"开始上传",如图 4-2-7；点击【确认】,如图 4-2-8。

（5）工具栏中选择"标题"选项,插入符号➤请输入标题。

（6）按"回车"键换行,直接复制黏贴需要的文字 1。选择"上海泽顾护理院"设置字号为

图 4-2-3　样式

| 距 | 16px | 居左 | 缩进 | A ▼ | A ▼ | ☰ ▼ | TI ▼ |

图 4-2-4　输入文字

图 4-2-5　"我院概况"标题

图 4-2-6 【点击选择图片】　　　　图 4-2-7　选择"开始上传"　　　　图 4-2-8　点击【确认】

上海泽顾护理院： 是上海天德惠益医院投资管理有限公司旗下的卧
投资总额5000余万，位于上海市杨浦区延吉中路105号，目前规划饲
米，后续计划还将拓展面积约5000多平方米。

上海泽顾护理院：

图 4-2-9

图 4-2-10　添加下划线

18px，同步骤（2）。操作栏选择 **A▾**，选择█（主题颜色，第 3 列，第五行），更换文字颜色，如图 4-2-9。

（7）选中"上海天德惠益医院投资管理有限公司"，点击操作栏 **U** 按钮，添加下划线，如图 4-2-10。

（8）工具栏选择"图文"，点击"左右滑动样式"，如图 4-2-11。回到操作页面点击样式图片，选择【替换图片】，如图 4-2-12，分别替换图片 "DSC02647"，"DSC02663"，"DSC02664"，"DSC02669"，方法同步骤（4），选中每张替换图片点击 加阴影 ，效果如图 4-2-13。

图 4-2-11 "左右滑动样式"　　　如图 4-2-12【替换图片】

图 4-2-13　效果图

（9）制作标题"便利的周边交通"方法同步骤（3），按【回车】键，复制黏贴段落文字 2，效果图如图 4-2-14。

（10）制作标题"舒适幽雅环境"方法同步骤（3），如图 4-2-15。

（11）按【回车】键，工具栏选择"图文"，点击"图文样式"，如图 4-2-16；插入图片 "DSC02625"，"DSC02633"，"DSC02637" 方法如步骤（4），效果图如图 4-2-17。

（12）按【回车】键，插入文字 3，效果如图 4-2-18。

（13）按【回车】键，工具栏选择"图文"，点击"图文样式"，如图 4-2-19；插入图片 "DSC02660"，"DSC02571"，"DSC02569"，"DSC02563"，"DSC02599"，"DSC02601"，

便利的周边交通

护理院地处杨浦公园、黄兴公园附近，步行十余分钟即可到达；周边生活配套设施齐全，休闲生活极为方便。

如图 4-2-14　效果图

舒适幽雅的环境

如图 4-2-15　标题"舒适幽雅环境"效果图

图 4-2-16 "图文样式"

图 4-2-17 效果图

本护理院装修环境温馨舒适、格调高雅、设施齐全，处处体现服务为先、便捷为先的人性关怀，能让老人如沐家庭的温暖。

图 4-2-18 效果图

图 4-2-19 "图文样式"

图 4-2-20 效果图

"DSC02629"，"DSC02576"方法如步骤（4）；效果图，如图 4-2-20。

（14）按【回车】键，插入文字4，效果如图 4-2-21。

（15）制作标题"齐全的高科技设施"方法同步骤（3），如图 4-2-22。

（16）按【回车】键，工具栏选择"图文"，点击"图文样式 1"和"图文样式 2"，如图

　　一至二楼为门诊、体检中心，二至六楼为住院、康复病房。其中六楼设有多媒体会议室、露天活动休息区。病房设有两人间、三人间及单人VIP病房三种标准。

图 4-2-21　效果图

齐全的高科技设施

如图 4-2-22　效果图

图 4-2-23　"图文样式 1"和"图文样式 2"

4-2-23；插入图片"DSC02583"，"DSC02564"，"DSC02560"，"DSC02582"，方法如步骤（4）效果图如 4-2-24。

　　（17）按【回车】键，插入文字 5，效果如图 4-2-25。

　　（18）制作标题"优质的护理"方法同步骤（3），如图 4-2-26。

　　（19）按【回车】键，插入文字 6，再次按【回车】键，插入文字 7，效果如图 4-2-27。

　　（20）按【回车】键，工具栏选择"图文"，添加相同"图文样式"2 次，如图 4-2-28；插入图片"DSC02579"，"DSC02607"，"DSC02567"，"DSC02640"，方法如步骤（4）；效果如图 4-2-29。

　　病房设施包括：床旁中心供氧、中央吸引、自动呼叫系统，提供24小时热水、中央冷暖气供应，生活极为舒适。

图 4-2-25　效果图

优质的护理

图 4-2-26　标题"优质的护理"

本护理院服务对象面向社会，诊疗科目设有内科、康复医学科、临终关怀科、中医科等医疗必需的相关科室，病区还配置了临终关怀病房、抢救室、家属陪伴室，最大程度地方便养护老人及时就医。

　　本护理院同公司目前有9家医疗机构，拥有强大的医疗队伍，能最大程度提供医疗安全保护。有效解决了在院患者就医难、就医远、难康复等难题。

图 4-2-24　效果图　　　　　　　　　　　图 4-2-27　效果图

图 4-2-28　"图文样式"　　　　　　　　　　图 4-2-29　效果图

（21）按【回车】键，工具栏选择"卡片"，选择"卡片样式"，插入，如图 4-2-30；选中样式中的"白海棠"输入"上海泽顾护理院服务对象"；删除选中样式中文字插入文字 8，最终效果如图 4-2-31；

（22）按【回车】键，工具栏中选择"小符号"选项，插入符号▼。

（23）按【回车】键，插入文字 9，按【回车】键 2 次，输入文字 10。选中文字 9，文字 10，在操作栏中设置字号为 18xp，居中如图 4-2-32；最后效果如图 4-2-33。

（24）以上为推文的完整制作，案例完整效果可以访问链接，查看推文整体效果。

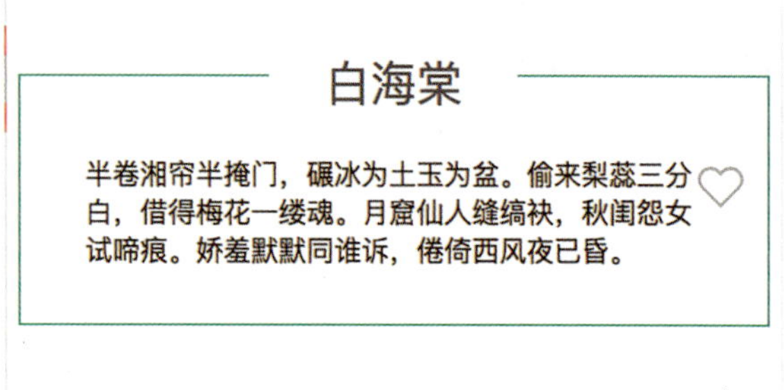

图 4-2-30　"卡片样式"

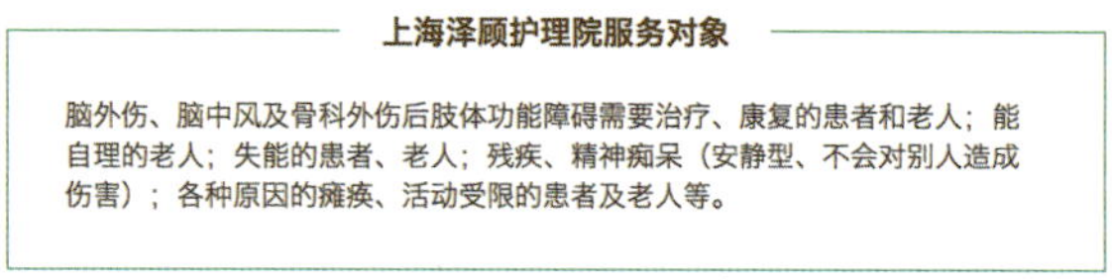

图 4-2-31　效果图

图 4-2-32　操作栏中设置

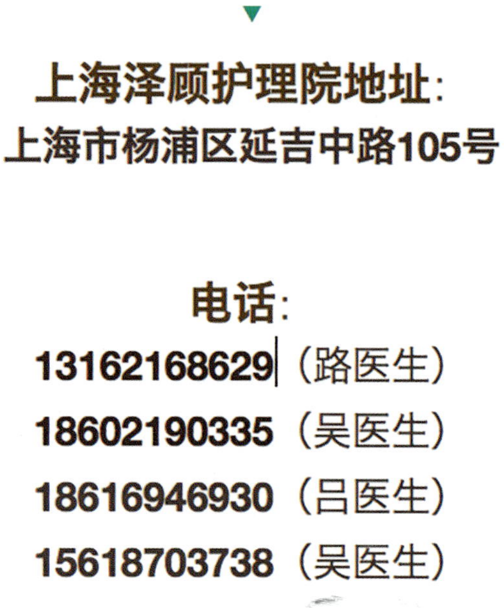

图 4-2-33　效果图

第三节　推文发布

案例名称：推文发布

案例说明：本案例主要用于把制作好的推文利用微信公众平台及时发布。

知识要点：利用 3.1 微信公众平台开发制作中 i 排版的【实时预览】、【复制全文】和 2.4.1 微信公众平台工作界面中的【自定义菜单】使推文完整呈现出来。

效果图：推文发布后效果图如图 4-3-1 所示。

操作步骤：

（1）在 i 排版完成推文制作后（具体制作请见 3.2 推文设计与制作）选择 实时预览 看大致效果，如图 4-3-2，根据具体问题进行调整；选择 复制全文，复制下整篇推文。

（2）登入微信公众平台，如图 4-3-3；操作栏中选择【自定义菜单】，在已经建立好的子菜单中选择"泽顾简介"如图 4-3-4（子菜单做法，详情请见 2.4.2 微信公众平台操作实例）。

图 4-3-1　推文发布后效果图　　图 4-3-2　【实时预览】后大致效果

图 4-3-3　微信公众平页面　　　　图 4-3-4　子菜单"泽顾简介"

（3）"泽顾简介"菜单中，"子菜单内容"中选择"发送消息"和图文消息，如图4-3-5；鼠标移到"新建图文消息"，如图4-3-6；选择"自建图文"，如图4-3-7。

图4-3-5　"子菜单内容"中选择　　　　图4-3-6　鼠标移到"新建图文消息"　　　　图4-3-7　"自建图文"

（4）进入"自建图文"页面，如图4-3-8；按页面提醒输入标题"泽顾简介"和作者名字，如图4-3-9；鼠标点击正文，选择【黏贴】复制之前做好的推文，如图4-3-10。

图4-3-8　"自建图文"页面　　　　图4-3-9　输入标题　　　　图4-3-10　复制推文

（5）在"发布样式编辑"—"封面"中选择从正文选择，具体如图4-3-11；选择图片"DSC02665.JPG"为封面，如图4-3-12；点击【下一步】对图片进行裁剪，如图4-3-13，点击【完成】，效果如图4-3-14；点击保存并群发。

图4-3-11　"发布样式编辑"—"封面"　　图4-3-12　选择图片　　　图4-3-13　图片裁剪　　　图4-3-14　效果图

（6）页面上对应选择："群发对象"选择"全部用户"，"性别"选择"全部"，"群发地区"选择"国家"，如图4-3-15；点击群发。

（7）群发确认，选择【确定】，如图4-3-16。

图4-3-15　页面选择　　　　图4-3-16　群发确认

（8）微信验证，用手机扫二维码，如图4-3-17，手机微信进行验证，点击【确定】，如图4-3-18。

（9）点击【确认】后，推文成功发送到公众号，可以通过微信进行查看，4-3-1。

扫码后，请联系管理员(ZFY***30)进行验证

管理员微信号可直接扫码验证 非管理员微信号扫码后需管理员验证

图 4-3-17　微信验证

图 4-3-18　手机微信进行验证

第五章

微场景、H5 设计与制作

第一节 关于H5

H5 是指第 5 代 HTML，也指用 H5 语言制作的一切数字产品。所谓 HTML 是"超文本标记语言"的英文缩写。我们上网所看到网页，多数都是由 HTML 写成的。"超文本"是指页面内可以包含图片、链接，甚至音乐、程序等非文字元素。而"标记"指的是这些超文本必须由包含属性的开头与结尾标志来标记。浏览器通过解码 HTML，就可以把网页内容显示出来，它也构成了互联网兴起的基础。

HTML 的第一版 1991 年开始研发，1993 年发布。本来每隔一段时间 HTML 都应该进行更新，但是自 1999 年 12 月 HTML4.01 发布以来，就再也没有更新。此后的十多年，互联网行业发生了翻天覆地的变化，人们逐渐意识到原有的 HTML 已经不能适应互联网的发展了。这时出现了两个组织分别提出了新的方案：WHATWG 和 W3C。前者开发了 Web Applications 1.0，后者则开发了 XHTML2.0。在 2006 年，双方决定进行合作，来创建新一代的 HTML，这就是 H5。

H5 在 2008 年发布草案以来，并未引起广泛关注，而是进入了长期的迭代优化周期。直到去年 10 月 W3C 终于宣布，经过长达 8 年的努力，HTML5 标准规范最终制定完成并向全世界开放。H5 标准规范的开放注定成为一个划时代意义的事件，从那一天起 H5 便成为了全网最火热的新词。

一、H5 的强大功能

H5 之所以能引发如此广泛的效应，根本在于它不再只是一种标记语言，它为下一代互联网提供了全新的框架和平台，包括提供免插件的音视频、图像动画、本体存储以及更多酷炫而且重要的功能，并使这些应用标准化和开放化，从而使互联网也能够轻松实现类似桌面的应用体验。

H5 最显著的优势在于跨平台性，用 H5 搭建的站点与应用可以兼容 PC 端与移动端、Windows 与 Linux、安卓与 IOS。它可以轻易地移植到各种不同的开放平台、应用平台上，打破各自为政的局面。这种强大的兼容性可以显著地降低开发与运营成本，可以让企业特别是创业者获得更多的发展机遇。

此外，H5 的本地存储特性也给使用者带来了更多便利。基于 H5 开发的轻应用比本地 APP 拥有更短的启动时间，更快的联网速度，而且无需下载占用存储空间，特别适合手机等移动媒体。而 H5 让开发者无需依赖第三方浏览器插件即可创建高级图形、版式、动画以及过渡效果，这也使得用户用较少的流量就可以欣赏到炫酷的视觉听觉效果。

二、H5 的制作流程

完成需求调查与页面设计后，进入创作页面，可以选择主题模版或创建空模版进行页面制作。添加段落、图片等元素，点击右侧编辑区的选项，按页面设计修改大小、位置等属性。

点击右侧编辑区的选项，给页面上的元素添加动效或动画，或指定触发器。最后，点击导航栏的保存按钮。

三、制作 H5 的主流工具

H5 成为数字营销的重要手段，目前制作 H5 的工具较多，易企秀、秀制作、Epub360、Wix、MAKA、Google Web Designer 等都可以实现 H5 的制作。

易企秀：免费，有多种动态模板，能实现文本和图片带有滑动、隐现、放大、缩小等动态效果。同时有 ios 移动客户端，在手机上也可创建场景应用，以及数据统计功能。

秀制作："秀制作"为秀米出品，免费提供多种模板，傻瓜式操作，可以外链，可与秀米图文排版双剑合璧。

Epub360：为专业设计师打造的交互设计利器，交互效果强大，动画效果出色，虽然简单傻瓜式的模板不多，但自由度相对较高。Epub360 作为一款专业级 H5 交互制作工具，除了丰富的动画设定、触发器设定功能外，还研发了众多强大的交互组件，并在全国率先支持无编程调用微信高级接口，满足您不同的设计场景，实现快速设计交付。

Wix：Wix 基于 HTML5 技术，向用户提供多种网页模板，操作简单粗暴，零基础无需代码，智能拖拽即可实现网页建设。据 Wix 统计，每天有超过 45000 的新用户加入 Wix，每个类目下有上百的 HTML5 模板可供使用，响应式设计，在手机端也有很好的展示。另外也支持大量第三方插件。

MAKA：Maka 目前只有 Web 端，IOS 和 Android 版本还未上线，模板丰富，有多种动态效果以及交互效果可供选择，除收费版外提供免费版，不过免费版不提供外链模板。

Google Web Designer：Google Web Designer 是谷歌专门为创意设计者打造的可视化 HTML5 网页和广告设计开发工具，全功能均免费。它提供了所见即所得的设计环境，包含设计视图和代码视图，还能制作 Banner 广告动画。

第二节　H5制作工具——Epub360

意派 Epub360（如图 5-2-1）是在线使用的交互内容设计平台，全面满足个性化需求。无需编程即可轻松制作专业电子交互杂志、微信邀请函、品牌展示、培训课件，以及交互童书、微网页 H5 小游戏等营销互动 H5，一次创作，可同时发布到 iOS、安卓、桌面及微信。

图 5-2-1

Epub360作为一款专业级H5交互制作工具，除了丰富的动画设定、触发器设定功能外，还研发了众多强大的交互组件，并在全国率先支持无编程调用微信高级接口，满足您不同的设计场景，实现快速设计交付。同时，Epub360采用由简到难递进式产品设计模式，尊重用户已有的软件使用习惯，在保证专业度的同时，将常用效果组件化，最大程度上减少用户上手难度、提高设计效率。

一、Epub360 的特色

在众多H5制作工具中，Epub360具有自身的特色，满足H5设计四个层级需求。

1. 动画展示

一个生动的H5作品，应具有丰富的动效，Epub360除了提供基本的动画外，还支持路径动画、序列帧动画。作为专业级工具，还支持组合动画及动画组管理、动画时序管理。

2. 触发交互

不同于模版类工具，Epub360提供高自由度的交互设计，通过用户的触发行为进行内容的交互呈现，同时通过触发反馈来增强用户的交互体验。支持页面触发、组件触发、动画触发、手势及摇一摇触发。

3. 用户交互

国内率先支持微信高级接口，支持微信拍照、录音、身份认证，借助参数变量控制，可以设计互动级的H5，提升用户的参与及游戏性，让读者参与内容的修改，形成读者自己的内容，满足读者的社交需求。

4. 数据应用

应用级的H5，需要逻辑判断及服务器端的数据交互，Epub360目前已支持参数赋值、交互式表单、评论、投票等功能。让您无需编写代码，完成轻游戏及数据应用H5设计。

参数变量、条件判断、数据库等高级数据组件，可轻松实现测试题、抽奖、社交轻游戏类H5的设计，未来将实现WebApp级别的专业应用可视化设计。

Epub360企业版，支持子账号管理，便于多部门异地协同工作，通过企业公共模板库，可以统一设计符合企业业务需求的公共模板，供多部门共享，通过集中的发布审核流程控制，确保作品符合企业管理标准。

Epub360除了常规的浏览统计外，还支持自定义推广渠道统计，支持细粒度事件统计，配合触发器，可以获取被观测按钮点击次数，目标行为转化率等事件行为统计。

二、Epub360 操作界面

打开网页：http://www.epub360.com/，登录进入epub360界面，如图5-2-2所示。

点击【开始制作】按钮进入作品管理界面，如图5-2-3所示。

点击加号【+】按钮进入我的工作台界面，如5-2-4图所示，制作界面可分为三个区块，【新建区】、【功能区】、【编辑区】。

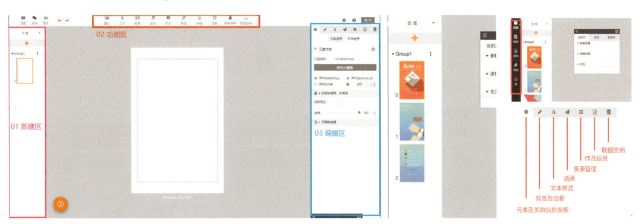

图 5-2-2 epub360 界面　　　　　　　　图 5-2-3 作品管理界面

图 5-2-4 工作台界面　　　　　图 5-2-5 页面列表　图 5-2-6 资源库、功能面板

整个界面包含页面列表、资源库及功能面板、预览及发布面板。

1. 页面列表

页面列表位于编辑界面的最左侧，如图 5-2-5 所示，用户可以在页面列表区域右击，或单击"+"号实现页面的新建、复制、粘贴、导出、删除操作，也可以在页面组右侧调整翻页方式，以及通过创建页面组来达到限制翻页的效果。

2. 功能面板

功能面板位于编辑界面的右侧，如图 5-2-6 所示，可以通过顶部工具栏控制其显示与隐藏。

功能面板主要用来进行：

● 交互元素、页面、文档的信息设定。

● 元素、组件的管理与设定。

● 动画序列的管理与设定。

● 触发器的管理与设定。

● 高级表单管理与设定。

● 收藏库的管理与使用。

3. 资源库

资源库位于编辑界面的最左侧，如图 5-2-6 左上侧，包含页面、模板、素材、特效、收藏库。可以进行插入模板、素材、特效等操作。功能面板包括 7 个按钮，如图 5-2-6 下部所示：元素及页面信息面板、背景及边框、文本样式、动画、资源管理、作品信息、数据应用等。

4. 预览 / 发布 / 更新

预览、发布与更新的按钮在编辑器的左上角，前进后退按钮可以前进到上一步或后退到下一步。

图 5-2-7　预览、发布面板　　图 5-2-8　新建区

● 预览里包含预览当前页、预览全部和预览二维码。

● 发布可以跳转到作品分享设置页面。

● 更新可以实时更新作品的修改内容，如图 5-2-7 所示。

三、Epub360 主要功能介绍

1. 新建区

【新建区】的主要功能是新建页面，也可创建 Layer，如图 5-2-8 所示。

2. 功能区介绍

功能区包括图片、文本、视频、音乐、幻灯、热区、按钮、图形、表单及高级组件 10 个主要功能。

图 5-2-9　功能区

（1）【功能区】|【图片】（如图 5-2-9 所示）

● 选择【图片】|【图片】，可见【素材库】，选择【上传按钮】可上传素材，如图 5-2-10 所示；

● 上传图片后，选择【下载按钮】可将该图片导入页面，如图 5-2-11 所示。

图 5-2-10　上传素材

图 5-2-11　导入图片

（2）【功能区】 | 【文本】

图 5-2-12　文本

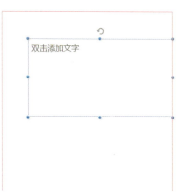

【文本】中主要用到【段落】功能，可插入文字如图 5-2-13 所示；富文本（RTF）是跨文本文档。

（3）【功能区】 | 【音乐】

音乐功能中包括背景音乐和音频，如图 5-2-14 所示，【背影音乐】可通过打开素材库上传音乐，作为作品的背景音乐。

（4）【功能区】 | 【幻灯】

幻灯功能包括了幻灯、序列帧、拼图、内容模板、相册等功能，如图 5-2-15 所示。其中主要用到【幻灯】与【序列帧】功能。

图 5-2-13　插入文本

● 选择【幻灯】或【序列帧】功能后出现素材库，如图 5-2-16 所示。

图 5-2-14　音乐功能

图 5-2-15　幻灯功能

图 5-2-16　幻灯素材库

● 勾选多张图片，然后依次点击每张图片的【下载按钮】导入页面，如图 5-2-17 所示。

图 5-17　导入图片

（5）【功能区】|【热区】

点击热区后，出现热区区域，如图 5-2-18 所示。

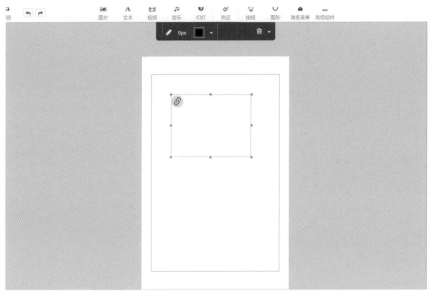

图 5-2-18　建立热区

（6）【功能区】|【图形】

在图形功能中，可创建三角形、圆形、方形、主线等图案，如图 5-2-19 所示。

（7）【功能区】|【高级组件】

高级组件如图 5-2-20 所示，包含各种功能不同的组件，在作品创作过程中根据作品的不同需要选择不同的组建，常用的有 Layer 容器、拖放目标组件。

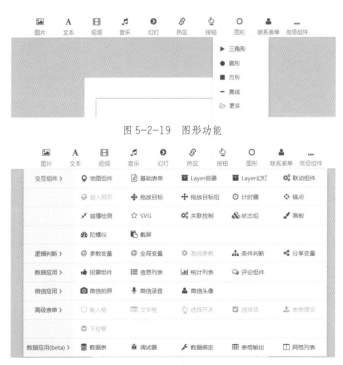

图 5-2-19　图形功能

图 5-2-20　高级组件

3. 编辑区介绍

（1）【编辑区】|【作品信息】

作品信息如图 5-2-21 所示，可以更改作品名称、在页面之间的切换，还可以改变页面尺寸，如图 5-2-22 所示。

（2）【编辑区】|【元素与页面信息】

元素与页面信息如图 5-2-23 所示，主要用到的功能为改变背景颜色。如果页面上没有创建段落、图形或图片元素，【元素信息】呈现灰色，无法编辑。

图 5-2-21 改变作品名称　　图 5-2-22 改变作品尺寸　　图 5-2-23 元素与页面信息

当创建一个元素时，在元素信息中，主要会用到【元素组件属性】、【尺寸与位置】、【动画】、【动效】、【触发器】，如图 5-2-24 所示。

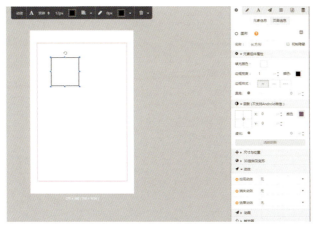

图 5-2-24 创建元素面板

（3）【编辑区】|【文本样式】

页面上没有创建段落元素,【文本样式】呈现灰色,无法编辑。创建段落元素后,可在【文本样式】中改变文字的字体、颜色、字号等，如图5-2-25所示。

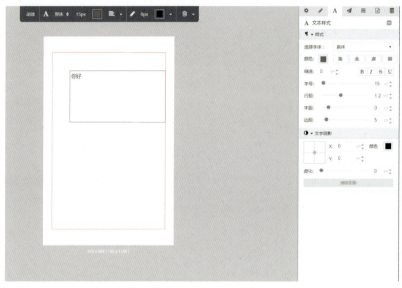

图5-2-25　编辑文本样式

（4）【编辑区】|【资源管理】

资源管理是管理当前页面上的所有元素，每个元素旁边有四个按钮，如图5-2-26所示。

● 第一个按钮–手指：可以选中元素，跳到【元素信息】页面。

● 第二个按钮–眼睛：点击可隐藏该元素。

● 第三个按钮–×：点击删除该元素。

● 第四个按钮–三：选择移动可改变该元素的上下层数。

（5）【编辑区】|【动画序列与触发动画】

●【动画序列】是管理当前页面上的所有动画（使用【元素信息】|【动态】创建），如图5-2-27所示。

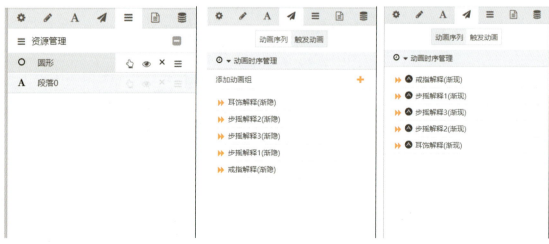

图5-2-26　资源管理面板　　　　图5-2-27　动画序列　　　　图5-2-28　触发动画

●【触发动画】是管理当前页面上的所有触发动作（使用【元素信息】|【触发器】创建），如图 5-2-28 所示。

● 移动这些指令的顺序，可改变动画或者触发动作的开始顺序。

第三节 H5设计与制作案例解析

一、案例概述

案例名称：夜观星空

案例说明：本案例是通过 H5 展现地球所在的太阳星系。本位主要从太阳星系的结构逐一介绍。太阳系是以太阳为中心，和所有受到太阳引力约束的天体集合体，包括八大行星，由离太阳从近到远的顺序为水星、金星、地球、火星、木星、土星、天王星、海王星以及至少 173 颗已知的卫星、5 颗已经辨认出来的矮行星和数以亿计的太阳系小天体。

人们对于自己所身处的这片宇宙从未停止过探索的步伐，蕴含着无尽的宝藏正驱使着无数拥有好奇心的人们前往探索。

案例设计中运用了 H5 的形式展现内容，采用不同的动效、动画、幻灯、拖动目标、Layer 容器、嵌入网页等功能，生动有趣地介绍了太阳系中的八大行星，并为天文爱好者介绍了一些星空 App。

设计思路：从古至今，人们都对自己头顶上方那片绚丽却无法触摸到的星空呈现出无穷的兴趣与好奇。它不光在最开始的定位方面提供便利，还成为了无数诗人与画家的灵感源泉。随着科技发展，这片浩瀚无垠的星河终于揭露了神秘的面纱一角了。本作品希望人们能对太阳系的情况有所了解，并希望人们能不要忘记星空的美好，努力治理好环境，让这片星空的美丽再次呈现在眼前吧。案例中运用文字渐现的动效出现目录。使用了幻灯、Layer 容器等功能一次介绍八大行星的相关内容。案例中运用了拖动目标的功能做出了给八颗星星排序的小游戏，如果放对位置就会出现相关的介绍文字，具有一定的趣味性。以此让电子书的观看者在交互的趣味中完成阅读，让更多人了解太阳系的八颗行星，呼吁人们珍惜我们的环境，保护我们的地球，让现在暗淡的星空再次呈现在人们面前。

案例效果图：效果如图 5-3-1，5-3-2 所示。

图 5-3-1 效果图 1　　　图 5-3-2 效果图 2

设置【重复】无，【持续】2秒，【延迟】9秒，【效果动画】无。

（4）调整【段落1】、【段落2】、【段落3】的位置，如图5-3-8所示。设置【尺寸与位置】宽：270px，高：140px，X：19px，Y：182px。

6. 案例名称：拖拽触发

案例说明：利用图片的拖拽效果和拖放目标，触发动效

案例步骤：

（1）选择点击【文本】|单击【段落】。输入"随时移动流星触发下一页空间。"选择【文本样式】，字号为12px，颜色勾选白色。选择【元素信息与页面信息】|【元素信息】|【动效】|【出现动效】选择【为向上渐现】，设置选择【渐现】，设置【重复】无，【持续】1秒，【延迟】12秒；【消失动效】无，【效果动画】无。选择【元素信息与页面信息】|【元素信息】|【尺寸与位置】宽：219px，高：49px，X：138px，Y：343px。

（2）点击【图片】|【图片】|【上传素材】，上传"流星"到素材库。点击"流星"下载，导入页面。选择【元素信息与页面信息】|【元素信息】|【元素组件属性】|【显示方式】选择【撑满】，勾选【可拖动】，【拖拽属性】中勾选【移动】，【保持】，【消失】。选择【尺寸与位置】宽：131px，高：136px，x：197px，y：13px。选择【动效】|【出现动效】选择【向下渐隐】，

图5-3-9　导入元素　　　图5-3-10　设置拖动目标

设置【重复】无，【出现动效】为渐现，【重复】无，【持续】5.6秒，【延迟】0秒，如图5-3-9所示。

（3）选择【高：级组件】|【拖放目标】，选择【元素信息与页面信息】|【元素信息】|【元素组件属性】中的【添加正确置入元素】添加"流星"，并勾选【仅限置入正确元素置入】。选择【尺寸与位置】宽：118px，高：68px，X：42px，Y：108px，如图5-3-10所示。

7. 案例名称：目录页面

案例说明：利用每个元件的触发效果制作目录页

操作步骤：

（1）点击【图片】|【图片】|【上传素材】，上传"背景3"到素材库。点击"背景3"下载，导入页面，调成为背景图片的大小，如图5-3-11所示。

（2）选择【按钮】|【文本按钮】，输入"太阳"。选择【文

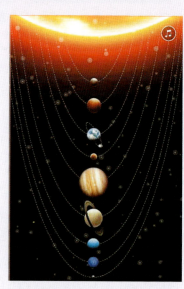

图5-3-11　导入背景3

本样式】，字号为16px，颜色勾选黑色。选择【元素信息与页面信息】|【元素信息】|【尺寸与位置】宽:94px,高:41px,X:175px,Y:93px。选择【动效】|【出现动效】选择【渐现】，设置【重复】无,【持续】1秒,【延迟】1秒;【消失动效】无,【效果动画】无。【触发器】|【点击时】|【选择触发器行为】中选择【跳转页面】,设置【指定页】为【页3】,【页面切换方式】为推移从上往下,【跳转方式】直接跳转。

（3）选择【按钮】|【文本按钮】，输入"水星"。选择【文本样式】，字号为16px，颜色勾选白色。选择【元素信息与页面信息】|【元素信息】|【尺寸与位置】宽:64px,高:40px,X:160px,Y:17px。选择【动效】|【出现动效】选择【渐现】,设置【重复】无,【持续】1秒,【延迟】2秒;【消失动效】无,【效果动画】无。【触发器】|【点击时】|【选择触发器行为】中选择【跳转页面】，设置【指定页】为【页4】,【页面切换方式】为推移从上往下,【跳转方式】直接跳转。

（4）选择【按钮】|【文本按钮】，输入"金星"。选择【文本样式】，字号为16px，颜色勾选白色。选择【元素信息与页面信息】|【元素信息】|【尺寸与位置】宽:132px,高:40px,X:142px,Y:140px。选择【动效】|【出现动效】选择【渐现】,设置【重复】无,【持续】1秒,【延迟】3秒;【消失动效】无,【效果动画】无。【触发器】|【点击时】|【选择触发器行为】中选择【跳转页面】，设置【指定页】为【页4】,【页面切换方式】为推移从上往下,【跳转方式】直接跳转。

（5）选择【按钮】|【文本按钮】，输入"地球"。选择【文本样式】，字号为16px，颜色勾选白色。选择【元素信息与页面信息】|【元素信息】|【尺寸与位置】宽:110px,高:40px,X:152px,Y:187px。选择【动效】|【出现动效】选择为【渐现】,设置【重复】无,【持续】1秒,【延迟】4秒;【消失动效】无,【效果动画】无。【触发器】|【点击时】|【选择触发器行为】中选择【跳转页面】，设置【指定页】为【页5】,【页面切换方式】为推移从上往下,【跳转方式】直接跳转。

（6）选择【按钮】|【文本按钮】，输入"火星"。选择【文本样式】，字号为16px，颜色勾选白色。选择【元素信息与页面信息】|【元素信息】|【尺寸与位置】宽:102px,高:38px,X:156px,Y:232px。选择【动效】|【出现动效】选择为【渐现】,设置【重复】无,【持续】1秒,【延迟】5秒;【消失动效】无,【效果动画】无。【触发器】|【点击时】|【选择触发器行为】中选择【跳转页面】，设置【指定页】为【页6】,【页面切换方式】为推移从上往下,【跳转方式】直接跳转。

（7）选择【按钮】|【文本按钮】，输入"木星"。选择【文本样式】，字号为16px，颜色勾选白色。选择【元素信息与页面信息】|【元素信息】|【尺寸与位置】宽:150px,高:40px,X:154px,Y:278px。选择【动效】|【出现动效】选择为【渐现】,设置【重复】无,【持续】1秒,【延迟】6秒;【消失动效】无,【效果动画】无。【触发器】|【点击时】|【选择触发器行为】中选择【跳转页面】，设置【指定页】为【页7】,【页面切换方式】为推移,从上往下,【跳转方式】直接跳转。

图 5-3-12 设置文字动态

（8）选择【按钮】|【文本按钮】，输入"土星"。选择【文本样式】，字号为16px，颜色勾选白色。选择【元素信息与页面信息】|【元素信息】|【尺寸与位置】宽：75px，高：48px，x：169px，y：339px。选择【动效】|【出现动效】选择为【渐现】，设置【重复】无，【持续】1秒，【延迟】7秒；【消失动效】无，【效果动画】无。【触发器】|【点击时】|【选择触发器行为】中选择【跳转页面】，设置【指定页】为【页8】，【页面切换方式】为推移，从上往下，【跳转方式】直接跳转。

（9）选择【按钮】|【文本按钮】，输入"天王星"。选择【文本样式】，字号为16px，颜色勾选白色。选择【元素信息与页面信息】|【元素信息】|【尺寸与位置】宽：87px，高：42px，X：160px，Y：387px，选择【动效】|【出现动效】选择为【渐现】，设置【重复】无，【持续】1秒，【延迟】8秒；【消失动效】无，【效果动画】无。【触发器】|【点击时】|【选择触发器行为】中选择【跳转页面】，设置【指定页】为【页9】，【页面切换方式】为推移，从上往下，【跳转方式】直接跳转。

（10）选择【按钮】|【文本按钮】，输入"海王星"。选择【文本样式】，字号为16px，颜色勾选白色。选择【元素信息与页面信息】|【元素信息】|【尺寸与位置】宽：132px，高：44px，X：141px，Y：429px。选择【动效】|【出现动效】选择为【渐现】，设置【重复】无，【持续】1秒，【延迟】9秒；【消失动效】无，【效果动画】无。【触发器】|【点击时】|【选择触发器行为】中选择【跳转页面】，设置【指定页】为【页10】，【页面切换方式】为推移，从上往下，【跳转方式】直接跳转，如图5-3-12所示。

8. 案例名称：幻灯图片

案例说明：利用幻灯的交互，流动显示图片

操作步骤：

（1）选择【幻灯】|【幻灯】|【上传素材】，上传"图1"、"图2"、"图3"到素材库。勾选"图1"、"图2"、"图3"，依次下载每一张图片。选择【元素信息与页面信息】|【元素信息】|【元素组件属性】中设置【滑动方向】为横向，【播放模式】顺序播放，勾选【循环】【可滑动】【重力感应切换】。选择【动态】|【出现动效】选择【渐现】，设置【重复】无，【持续】1秒，【延迟】0秒；【消失动效】无，【效果动画】无，效果如图5-3-13所示。

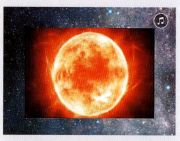

图 5-3-13 导入幻灯

（2）选择【文本】|【段落】，输入"滑动图片"；选择【文本样式】，字号为15px，颜色勾选白色。选择【元素信息与页面信息】|【元素信息】|【尺寸与位置】设置宽：178px，高：

图 5-3-14 输入文字

30px，X：121px，Y：14px，如图 5-3-14 所示。

9. 案例名称：滚动文字

案例说明：利用 layer 制作可以上下滑动的文字内容

操作步骤：

（1）点击左侧【页面】按钮，选择【layer】，添加空白页。

（2）点击【图片】|【图片】|【上传素材】，上传"太阳"到素材库。点击"太阳"下载，导入页面，调成为背景图片的大小，如图 5-3-15 所示。

图 5-3-15 导入素材   图 5-3-16 选择 layer 容器

（3）点击左侧【layer】按钮，点击【页面】返回。选择【高级组件】|【layer 容器】，选择制作好的素材。选择【元素信息与页面信息】|【元素信息】|【尺寸与位置】宽：320px，高：195px，x：−16px，y：189px，如图 5-3-16 所示。

10. 案例名称：返回目录

案例说明：利用按钮元素，制作可以返回目录的效果

案例步骤：

（1）选择【按钮】|【文字按钮】，输入文本"返回"。选择【文本样式】，字号为 15px，颜色勾选白色。【触发器】|【点击时】|【选择触发器行为】中选择【跳转页面】，【指定页】页 2，【页面切换方式】推移从上往下，【跳转方式】直接跳转，如图 5-3-17 所示。

根据案例 7—案例 9 的制作方法，制作图 5-3-18 所示以下页面。

图 5-3-17 返回按钮   图 5-3-18 类似页面

11. 案例名称：拖放目标

案例说明：利用拖放目标和正确元素置入，制作互动小游戏

案例步骤：

（1）点击【图片】|【图片】|【上传素材】，上传"太阳"、"水星"、"金星"、"地球"、"火星"、"木星"、"土星"、"天王星"、"海王星"到素材库。点击"太阳"下载，导入页面，选择选择【元素信息与页面信息】|【元素信息】|【元素组件属性】，【显示方式】撑满，勾选【可拖动】，选择【移动】，【保持】，【移动】,【拖拽限制】无。选择【动效】|【出现动效】选择【向下弹入】，设置【重复】无，【持续】1秒，【延迟】0秒；【消失动效】无，【效果动画】无。

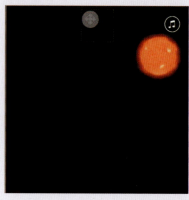

图 5-3-19 设置拖放目标

（2）选择【高级组件】|【拖放目标】。选择【元素信息与页面信息】|【元素信息】|【元素组件属性】|【添加正确置入元素】选择【太阳】，勾选【仅限正确元素置入】；选择【尺寸与位置】，设置宽：57px，高：56px，X：131px，Y：6px，如图 5-3-19 所示。

（3）选择【文本】|【段落】，输入"太阳是太阳系里一个有着巨大影响并占支配地位的天体，几乎占整个太阳系的全部质量。"选择【文本样式】，字号为 14px，颜色勾选【#999999】。选择【元素信息与页面信息】|【元素信息】|勾选【初始隐藏】，如图 5-3-20 所示。

（4）点击【拖放目标】，选择【元素信息与页面信息】|【元素信息】|【触发器】|【拖动对象进入时】，选择【显示元素组件】，选择页面【太阳段落】。

（5）其余 7 个行星元素和【拖放目标】如以上步骤操作，如图 5-3-21 所示。

根据案例 10 操作方法，制作页面 5-3-22，通过拖放目标功能实现。

图 5-3-20 输入文字

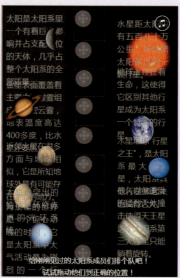

图 5-3-21 所有拖放目标

图 5-3-22 案例 10 类似页面

12. 案例名称：点击显示和隐藏

案例说明：利用触发器点击行为，可以设置想要显示或者隐藏的元素

案例步骤：

（1）选择【图片】|【图片】|【上传素材】，上传"app-1"、"app-2"到素材库。点击"app-1"下载，导入页面。选择【元素信息与页面信息】|【元素信息】|【尺寸与位置】，设置宽：75px，高：76px，X：43px，Y：32px。

（2）选择【文本】|【段落1】，输入"Stellarium"，选择【文本样式】，字号为15px，颜色勾选【#d9d9d9】。选择【元素信息与页面信息】|【元素信息】|勾选【初始隐藏】。选择【尺寸与位置】，设置宽：113px，高：339px，X：24px，Y：117px，如图5-3-23所示。

（3）参照以上步骤完成右半边，如图5-3-24所示。

（4）点击【app-1】，选择【元素信息与页面信息】|【元素信息】|【触发器】|【显示元素组件】，勾选段落1。选择【触发器】|【隐藏元素组件】，勾选段落2。

图5-3-23 设置图标与文字　　图5-3-24 设置右半边图标与文字

点击【app-2】，选择【元素信息与页面信息】|【元素信息】|【触发器】|【显示元素组件】，勾选段落2。选择【触发器】|【隐藏元素组件】，勾选段落1。

13. 案例名称：全景效果

案例说明：利用全景软件制作全景背景效果

案例步骤：

（1）利用全景软件制作好全景的素材。

（2）选择【高级组件】|【嵌入网页】。选择【元素信息与页面信息】|【元素信息】|【元素组件属性】|【嵌入类型】为【文件包】，上传素材压缩包，勾选【用作背景】，【需在联网环境下使用】。

（3）选择【文本】|【段落】，输入"我们就像船上的乘客，乘着地球在太空中穿行，而我们中的许多人除了自己所在的船舱之外，从来也没有关心过这艘大船的其他部分。——S.P. 兰利"。选择【文本样式】，字号为13px，颜色勾选【#d9d9d9】，效果如图5-3-25所示。

图5-3-25 嵌入网页

星空案例的主要技术功能、操作步骤案例1—案例12所示，效果详见作品及展示视频。

第六章

基于用户体验的
交互 H5 设计

第一节 交互式H5概述

交互式 H5 是一种包含图片、音乐与文字元素，具有双向传达，主张用户参与，强调信息输入与输出的双向交流，最终达到信息传播者与受众者之间信息对接目的的、通途的、新兴技术。

1948 年，拉斯韦尔在《传播在社会中的结构与功能》一书中提出构成传播过程的 5 大基本要素，并根据一定的顺序进行排列，后来简称为 5W 模式。

Who(谁)——Say What(说了什么)——In Which Channel(通过什么渠道)——To Whom(向谁说)——With What Effect (有什么效果)。

任何传播活动都是在 5W 基础上进行，曾经在报纸、杂志、广播与电视这四大传统媒体中是这样，现今的互联网传播与 H5 页面传播同样是如此。

普通 H5 多为图文与音乐的结合，而交互式 H5 不仅包含传统媒体的文字、图片、视频，还包括互联网条件下的互动游戏和超链接，在整合资源和信息覆盖上更全面，形式更多样，同时也能更吸引受众的关注并传播信息。

一、交互式 H5 的类型

H5 页面目前按其设计的目标可以分为四类，分别为：商品展示型、活动营销型、品牌推广型和总结报告型。

● 商品展示型的 H5 页面常表现在介绍商品功能，将商品特性通过 H5 页面的互动功能展示出来；

● 活动营销型的 H5 页面有多种表现形式，常见的有：邀请函、贺卡、测试等；

● 品牌推广型的 H5 页面重点在于塑造品牌形象，传达品牌理念，常见的方式是图文结合型；

● 总结报告型的 H5 页面利用插画形式将所需要报告的时间进行整理并采用简洁的方式呈现出来。

无论是以上哪一种类型，我们都能发现 H5 页面通过画面的精致与质量，互动性的趣味增强来抓住受众心理设计话题。

二、交互设计

功能和交互是影响用户体验的两个主要因素，其中交互对用户体验的影响远大于功能本身，也就是说用户大多更在意移动社交平台的交互性，交互越多，用户体验也就越好。

交互是指有"动作"和相应的"反馈"形成的一个回合的行为。在 20 世纪 90 年代初，理查德·布坎南教授就清晰地把交互设计的对象定义为行为，"creating and supporting human activities through the mediating influence of products"（通过产品的媒介作用来创造和支持人的行为）。

这个定义明确地指出了交互设计的对象是人的行为。这里的动作一般是指有意识的行为，当然也就有了执行动作的人、行为的目的、实现动作的手段或工具、行为发生的场景。

人、动作、工具或媒介、目的和场景界面可被定为交互设计的基本元素或行为五要素。交互式H5的设计师就需要把人、动作、工具或媒介、目的和场景等五要素合理地整合到一起，去完成一个任务并使用户获得良好体验感受的同时传播信息。

三、交互H5的制作流程

交互H5与普通H5有所区别，它不仅要实现信息传达的目的，还要考虑到用户的感受，因此在设计制作交互H5作品时，需要做更多的准备工作，以下将交互式H5的制作流程总结为以下几点：

1. 进行需求调查，设计交互信息路径。

2. 完成页面设计。

3. 收集素材，用Illustrator、Photoshop等图形图像处理工具制作素材。

4. 选择合适的制作工具，进入H5创作页面，添加段落、图片、音乐或视频等元素。

5. 为页面添加动效，添加事件。通过设定的条件触发动效或其他交互反应，形成按钮，交互小游戏等效果。

第二节　用户体验设计

用户体验（User Experience，简称UE/UX）是用户在使用产品过程中建立起来的一种纯主观感受。但是对于一个界定明确的用户群体来讲，其用户体验的共性是能够经由良好设计实验来认识到。用户体验设计对交互H5的交互信息路径设计具有重要的意义。

用户体验这个词最早被广泛认知是在上世纪90年代中期，由用户体验设计师唐纳德·诺曼（Donald Norman）所提出和推广。

近些年来，计算机技术在移动和图形技术等方面取得的进展已经使得人机交互（HCI）技术渗透到人类活动的几乎所有领域。这导致了一个巨大转变——（系统的评价指标）从单纯的可用性工程，扩展到范围更丰富的用户体验。这使得用户体验（用户的主观感受、动机、价值观等方面）在人机交互技术发展过程中受到了相当的重视，其关注度与传统的三大可用性指标（即效率、效益和基本主观满意度）不相上下，甚至比传统的三大可用性指标的地位更重要。

在交互H5设计的过程中有一点很重要，那就是，要结合不同利益相关者的利益——市场营销、品牌、视觉设计和可用性等各个方面。市场营销和品牌推广人员必须融入"互动的世界"，在这一世界里，实用性是最重要的。这就需要人们在设计交互H5的时候必须同时考虑到市场营销、品牌推广和审美需求三个方面的因素。用户体验就是提供了这样一个平台，以期覆盖所有利益相关者的利益——使数字营销H5容易使用、有价值，并且能够使浏览者乐在其中。

一、用户体验影响因素

有许多因素可以影响用户的使用系统的实际体验，影响用户体验的这些因素大致被分为三类：使用者的状态、系统性能以及环境（状况）。针对典型用户群、典型环境情况的研究有助于设计和改进系统。这样的分类也有助于找到产生某种体验的原因。根据用户的感受又可分为：感官体验、交互体验和情感体验。

感官体验是用户体验中最直接的感受，营销产品给予用户的首页视听体验，决定了用户是否继续浏览产品的基础。

1. 感观体验：呈现给用户视听上的体验，强调舒适性，一般在色彩、声音、图像、文字内容、网站布局等呈现。

2. 交互体验：界面给用户使用、交流过程的体验，强调互动、交互特性。交互体验的过程贯穿浏览、点击、输入、输出等过程给访客产生的体验。

3. 情感体验：给用户心理上的体验，强调心理认可度。让用户通过站点能认同、抒发自己的内在情感，那说明用户体验效果较深。情感体验的升华是口碑的传播，形成一种高度的情感认可效应。

用户体验研究中的一个分支着重于研究用户情感，也就是互动过程中的瞬间用户体验。另一个分支侧重于分析和理解用户体验和产品价值之间的长远联系。特别值得注意的是，在某些行业内，一个公司的产品如果具有极佳的用户体验，那么这将被视为确保良好品牌忠诚度和提高客户群增长速度的有效手段。按时间长度划分的所有用户体验（瞬间体验、情境体验以及长期体验）都是十分重要的，但是设计和评估这几种体验的方法却可能有着很大的差别。

二、用户体验目的

用户体验贯穿在一切设计、创新过程，如用户参与建筑设计和工作环境、生活环境的设计和改善，用户参与IT产品设计和改善等。IT应用设计方面的用户体验主要是来自用户和人机界面的交互过程。在早期的软件设计过程中，人机界面被看作仅仅是一层包裹于功能核心之外的"包装"而没有得到足够的重视。其结果就是对人机界面的开发是独立于功能核心的开发，而且往往是在整个开发过程的尾声部分才开始的。

这种方式极大地限制了对人机交互的设计，其结果带有很大的风险性。因为在最后阶段再修改功能核心的设计代价巨大，牺牲人机交互界面便是唯一的出路。这种带有猜测性和赌博性的开发几乎是难以获得令人满意的用户体验。至于客户服务，从广义上说也是用户体验的一部分,因为它是同产品自身的设计分不开的。客户服务更多的是对人员素质的要求,而难以改变已经完成并投入市场的产品了。但是一个好的设计可以减少用户对客户服务的需要,从而减少公司在客户服务方面的投入,也降低由于客户服务质量引发用户流失的机率。

现在流行的设计过程注重以用户为中心。用户体验的概念从开发的最早期就开始进入整个流程,并贯穿始终。其目的就是保证:

1. 对用户体验有正确的预估。

2. 认识用户的真实期望和目的。

3. 在功能核心还能够以低廉成本加以修改的时候对设计进行修正。

4. 保证功能核心同人机界面之间的协调工作,减少 bug。

用户需求是根本,但用户需求不一定是功能。

三、用户体验设计要点

1. 用户体验便捷按纽

设置一些只要浏览者点击一下就可以完成操作的便捷功能按纽,比如收藏、推荐给朋友等。这些便捷操作可以有效增加再次被浏览和被推介的机会。

2. 用户体验视觉统一,切忌虚大

视觉方面要和企业的 VI 视觉识别系统相统一,如果企业没有 VI 视觉识别系统,增强浏览者对企业及产品的视觉化一致性认识及加深印象。

3. 用户体验制造氛围

用户体验要利用人性的从众心理来塑造气氛。

4. 用户体验高度互动

H5 作品并非仅是一个网络版的宣传单,要让浏览者通过 H5 作品进行各种互动行为,把浏览者和作品连接起来,互动的地方越多,对用户的吸引越大,作品本身的价值就越大。因为只有和浏览者产生交流,帮浏览者解决实际问题,作品才是有生命的,有价值的。

第三节 互动案例设计

本章节设计一个完整的交互式 H5 案例,帮助读者了解并掌握交互式 H5 的特性及制作流程。下面以《毕昇带我玩印刷》的 H5 小游戏为例进行相关内容的介绍。

一、案例介绍

1. 案例名称

《毕昇带我玩印刷》H5 游戏

2. 案例说明

《毕昇带我玩印刷》案例是通过交互式 H5 展现中国古代四大发明之一的活字印刷术，给读者一种新的体验。

活字印刷术是一种古代印刷方法，是中国古代劳动人民经过长期实践和研究才发明的。活字印刷术的方法是先用胶泥做成一个个规格一致的毛坯，在一端刻上反体单字，字划突起的高度像铜钱边缘的厚度一样，用火烧硬，成为单个的胶泥活字。为了适应排版的需要，一般常用字都备有几个甚至几十个，以备同一版内重复的时候使用。遇到不常用的冷僻字，如果事前没有准备，可以即制即用。

案例中通过游戏角色毕昇（活字印刷术的发明者）带领读者展开游戏，主要采用观看视频与互动小游戏的方式，让读者了解了活字印刷的知识，学习了基本的印刷原理。

3. 设计思路

众所周知，活字印刷术是中国古代四大发明之一。你可不要小看了这项发明，我国的这项发明比德国的约翰内斯·古腾堡发明的活字印刷术提早 400 年。它的发明是印刷史上一次伟大的技术革命，也是我国古代汉族劳动人民聪明才智与勤劳的象征。

活字印刷术对文化发展、对历史进程的推动有着不可估量的作用，它作为一种文字复制技术，还承载了重要的信息传播的功能，然而现代人对他的认识是非常空洞而模糊的。

本作品通过更加现代化、更具创新性和趣味性的形式，将这项伟大的技术发明普及开来，弘扬中国传统文化。作品通过互动小游戏的形式，以交互式 H5 技术为开发基础，以微信（Wechat）为传播平台，寓教育于娱乐，让用户在新奇、活泼、有趣的游戏体验中，了解印刷知识，学习基本的印刷复制原理，传扬印刷文化。

4. 创作过程

制作本案例，先根据设计思路做出游戏框架——在 AI 中画出人物原画、场景、游戏道具——再将所有制作好的素材导入中——根据事件逻辑做出页面之间的跳转，触发事件，游戏特效和背景音乐——设计用户视觉流程，最后进一步完善用户体验。

5. 案例效果

图 6-3-1　效果图 1　　　　　　　　　　　图 6-3-2　效果图 2

二、素材准备

在案例设计完成后，准备素材是 H5 设计中较为关键的步骤，本部分以 7 个主要素材的制作操作展现图形制作软件 Illustrator 的操作技巧，帮助读者快速掌握 AI 工具的使用。

1. 制作背景

（1）点击【文件】|【新建】

（2）在新建文档的窗口中，设置新文档的属性:【名称】为案例名称、【画板数量: 5】、横向排列、【大小: 自定】、【宽度: 640px、高度: 1040px】及为该案例的页面尺寸，由于该案例只在电子媒介上进行阅览和传播，所以我们把单位设置成【像素】、【颜色模式: RGB】。

（3）建好之后的文档如图所示，选中【画板 1】，点击【Ctrl+0】使其自适应页面大小。

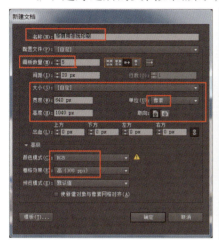
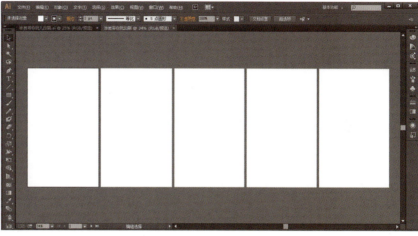

图 6-3-3　建文档　　　　　　　　　　　　　　图 6-3-4　创建画板

（4）点击软件左侧工具栏中的【矩形工具】，拖动在【画板 1】中绘制一个与画板同等大小的矩形。

（5）双击【调色板】中的【前景色】，在拾色器中，选定一个颜色【#794DE2】更改矩形的填充颜色。描边颜色设定为"无"。将紫色矩形与【画板 1】对齐，【Ctrl+2】锁定该矩形作为背景，避免在接下来的操作中发生相对位移。

图 6-3-5　选取颜色

（6）点击【钢笔工具】，在画面中绘制一个三角形，点击【选择工具】，选中该三角形，将其拉细拉长，双击调色面板的【填充色】，拾色器中改为白色，在顶部的属性栏中，设置【不透明度：20%】。

（7）选中该三角形，点击【旋转工具】，将旋转中心点在三角形顶点处，按住【Alt】键，将该三角形旋转复制到一定角度后，连续按【Ctrl+D】重复该操作，直到三角形旋转复制一周，形成一个放射状的图案。

（8）完成上一步操作后，用【选择工具】框选所有三角形，【Ctrl+G】进行编组，或者【右键】|【编组】进行编组，点击选中整租，拖拽将其放大至占满整个画板。背景绘制完成。

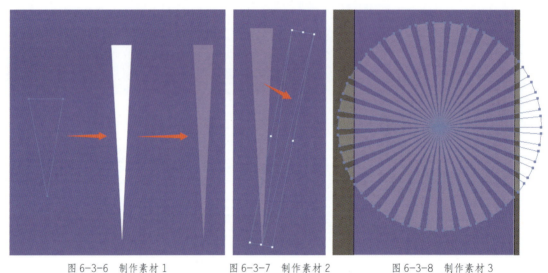

图6-3-6　制作素材1　　　　图6-3-7　制作素材2　　　　图6-3-8　制作素材3

2. 制作窗格

（1）点击【矩形工具】，按住【Shift】键绘制一个正方形，选中该正方形，按住【Alt】键复制两个相同的正方形，分别排列在【正方形1】的下方和右方。【选择工具】框选【正方形1】和下方的【正方形2】，点击页面顶部的属性栏里的【左对齐】；【选择工具】框选【正方形1】和右方的【正方形3】，点击页面顶部的属性栏里的【顶对齐】；

（2）【选择工具】同时框选三个正方形，【右键】|【建立参考线】，将三个正方形作为参考线锁定。点击【钢笔工具】，依据参考线位置绘制窗格图案，完成效果如图所示。

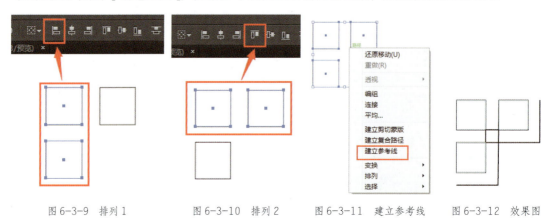

图6-3-9　排列1　　　　图6-3-10　排列2　　　　图6-3-11　建立参考线　　　　图6-3-12　效果图

（3）选中该图案，【右键】|【变换】|【对称】，选择【垂直翻转】后点击【复制】，及复制出一个与原图案垂直对称的相同图案。将两个图案放置到页面适当位置，【选择工具】同时框选住两个图案，点击顶部编辑栏里的【顶部对齐】，【Ctrl+G】编组。

（4）选中该图案编组，【右键】|【变换】|【对称】，选择【水平翻转】后点击【复制】，复制出一对与该图案水平对称的图形。

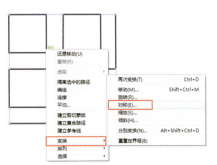

图 6-13　点击右键　　　　　　　　图 6-14　垂直对称

（5）调整四个图案的位置置于页面四角，尽量与页面大小等比例，将两对编组图案【中心对齐】后均【右键】|【取消编组】。

（6）点击【直接选择工具】，点击【图案1】右上角的锚点，选中后按住【Shift】键再次点击【图案2】左上角的锚点。【右键】|【连接】，连接起两个锚点，按照此方法如法炮制将四个图案分别两两连接起来，形成一个闭合的路径，效果如图所示。

（7）点击【色彩面板】|【描边颜色】，将描边颜色更改为【#7C4C2C】，描边宽度更改为【3pt】，窗框图案完成。

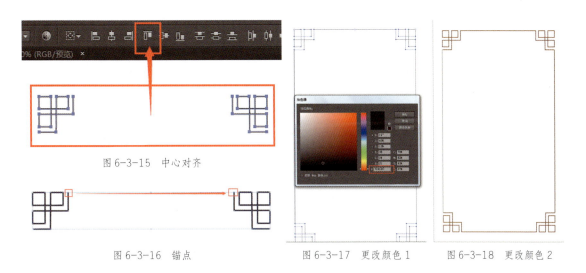

图 6-3-15　中心对齐

图 6-3-16　锚点　　　　图 6-3-17　更改颜色1　　　　图 6-3-18　更改颜色2

3. 制作云朵

我们在使用 AI 绘制图案时，有些图案是通过画笔直接绘制而成的，而有些线条平滑、边缘光洁、或者形状十分精确的图案，则是通过几何图案拼接而成，下面我们通过几个小图形，来学习本案例中的图形绘制方法。

（1）封面中，背景里有几个云朵形状的素材，回到步骤一中，我们绘制的闪光背景上，选择【矩形工具】，新建一个与页面同等大小的矩形置于顶层，同时选中该矩形与闪光图案，【右键】|【建立剪切蒙版】，使闪光图案剪切框定在该矩形中，如图6-3-21所示。

（2）选择【椭圆工具】，在页面中绘制一个椭圆形，按住【Alt】键连续复制几个相同的椭圆形，用【选择工具】选中，控制操纵杆拉长压扁，将几个椭圆形拉的大小不同、形状各异。

（3）将几个椭圆形组合成一个云朵的形状，用【选择工具】全部框选，【Ctrl+G】编组。

（4）在顶部的菜单栏中点击【窗口】|【路径查找器】，调出路径查找器面板，点击【联集】，将几个椭圆合并成同一形状，如图6-3-22所示。

（5）选中合并后的云朵，【Ctrl+C】复制，【Ctrl+B】粘贴到下层，将复制后的云朵向右下方移动，双击填充色面板，将底层云朵颜色改成淡灰色，按住【Shift】键同时选中上下两个图形，【Ctrl+G】编组，云朵图案完成，效果如图。

图6-3-19 建立剪切蒙版

图6-3-20 绘制云朵

图6-3-21 效果图

4. 制作按钮

在有些页面中，我们要通过按钮来完成一些交互操作，为了制作出符合案例风格的按钮，我们同样是通过剪切拼接图形的方式来进行绘制。

（1）选择【矩形工具】，在页面中拉出一个适当大小的矩形，双击【填充色】面板，将填充色设置为【#D3A281】，描边颜色为【#381E10】，设置描边宽度为5pt；

（2）选择【椭圆工具】，按住【Shift】键，如图6-3-24所示。在页面中拉出一个适当大小的正圆形，将该圆形复制一个至一旁备用。

（3）移动该圆形至矩形一角，将圆形中心与矩形左上角锚点对齐，打开路经查找器面板，同时选中圆形和矩形，点击【差集】，减去位于上层的圆形对象，此时矩形左上角便出现了一个内凹的圆弧，如图6-3-25所示。

图6-3-22 椭圆工具

图6-3-23 差集

图6-3-24 图形1

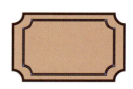
图6-3-25 图形2

（4）按照此方法如法炮制，复制几个相同大小的圆形至矩形四角处，运用【路经查找器】将四个角均剪切出圆弧，得到一个中国古典式窗格图案，效果如图。

（5）【Ctrl+C】复制该图案，【Ctrl+F】粘贴到顶层，按住【Shift】键等比例缩小复制后的顶层图案，按住【Alt】键调整其宽度。点击调色面板上的翻转按钮，交换该顶层图形的描边色和填充色，按钮的图案部分即制作完成。

（6）选择【文字工具】，在页面上点击后输入文字"排版"，点击【选择工具】，将文字移动到制作好的按钮中央，拉动操纵杆将其缩放至略小于按钮大小，在顶部属性栏中的【字符】中，将"排版"两字的字体改为【方正古隶简体】，点击调色面板的【填充色】将字体的颜色改为【#D3A281】。

（7）选中所有按钮素材，【Ctrl+G】编组，按钮即告完成，效果如图。

图 6-3-26　图形 3

图 6-3-27　选择字体

图 6-3-28　效果图

5. 制作祥云

众所周知，矢量图形具有文件体积小，无论放大缩小都不会失真的特点，非常适用于各种领域、各种尺寸画幅的图案应用。但是我们在设计过程中，接触到的形形色色的素材有矢量的，也有全是像素构成的位图，也许是只有黑白二色的二值图，或者是由深深浅浅的灰色构成的灰度图。如果没有合适的矢量素材却要适应不同尺寸的显示该怎么办呢？那么接下来的这个方法就适用于将各种类型的素材转换为矢量图形。将以本案例中的素材为参照，示范该方法。

（1）首先，我们选用来进行形式转换的素材需要有尽量高的像素和分辨率，虽然无论像素高低都可以进行形式转换，但是，分辨率越高，像素越多，能够表达的细节就越多，图像质量也越清晰，同时在转换过程中图像细节是有一定损失的，所以我们只能尽量提高源素材的分辨率来弥补这种损失。

图 6-3-29　置入素材

图 6-3-30　设置三色

（2）将素材【祥云】置入页面，该图像为单色图像白色底，由于其色彩比较单纯，我们选中该图案，在顶部属性栏中选择【图像描摹】|【三色】，即将该图像转化为 3 种色彩的矢量图案，如图效果 6-3-31，6-3-32 图。

（3）转化好后点击【扩展】，将其转化为路径，双击进入该图案编组，点击删除底色及其余杂色，双击退出。

（4）点击该图案，双击【填充颜色】面板，将该图案的填充色改为【#D3A281】，完成后效果如图所示。

图 6-3-31　设置扩展　　　　　　　　　　　　　　图 6-3-32　填充颜色

6. 制作人物

在本案例中，我们所使用的主要剧情人物'毕昇'，也是作为矢量格式的图形而存在，该图像的造型和色彩都较为复杂，所以我们需要尝试其他描摹方式来保证图像和色彩的还原度。

（1）将图像素材置入 AI 页面，点击选中素材，选择【图像描摹】|【低保真度照片】。需要注意的是，描摹的等级越高，所保留的图像细节和色彩层次越多，但与此同时，在后期处理素材的时候也会更为繁琐和不便，所以，我们需要在图像细节的还原和单纯性之间寻求一个平衡。描摹等级从低到高的进行试验，在尽可能保留图像细节的条件下，选择尽量小的描摹方式。描摹后效果如图 6-3-35，6-3-36。

（2）点击【扩展】转换为路径。双击进入该对象编组，删除不需要的杂色和底色。

图 6-3-33　设置素材　　　　　　　　图 6-3-34　素材

（3）由于该图像在转换过程中有一些损失,在缺失和不足的部分我们用【矩形工具】【椭圆工具】、和【画笔】补上。完成后选中所有素材材料,【右键】|【编组】进行编组。

使用【直接选择工具】，按住【Shift】键，连续选中几个相同色块，点击【填充色】面板更改各个部分的颜色，让其符合设计需求。

7. 制作印章

为了制造更丰富的层次等级，更多彩的视觉效果，我们在绘制图案的过程中往往需要运用多种手法来操作，制作出来的图案往往不是单一层极，而是多种元素叠加的复合图案，下面我们通过案例中的几个小素材来学习这种方法。制作 3D 效果，完成效果如图 6-3-37 所示。

（1）选择【矩形工具】，按住【Shift】键在页面中拉出一个正方形，选中该图形，在顶部的菜单栏中选择【效果】|【3D】|【突出和斜角】。在选项面板中，调整 3D 效果的属性，注意矩形面朝上，设置一定的透视，突出厚度设置为 383pt，点击【确定】后效果如图。

（2）由于直接用 3D 效果做出来的图形，阴影效果和明暗对比不明显，所以我们需要手动调整一下。点击选中该图形，在顶部菜单栏点击【对象】|【扩展外观】，将其扩展为路径，【右键】|【取消编组】，分别选中每个部件，更改其颜色并微调形状，完成效果如图

字模的字柱部分已经完成了，接下来我们要做字的部分。

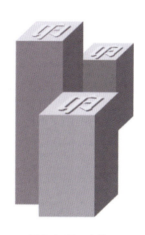

图 6-3-35 素材   图 3-3-36 设置 3D   图 3-3-37 制作素材

（3）点击【文字工具】，在页面上轻点，输入"印"字，在【字符】面板中，将字体修改为【方正大标宋】。点击"印"字，【右键】|【变换】|【对称】|【垂直】，将字体变为垂直镜面反向。

（4）再次点击该字体，【右键】|【变换】|【倾斜】，在【倾斜】面板中，设置倾斜角度为【27度】|【水平】|【确定】。完成后拉动字体操纵杆将其压扁，制作出字体平躺的效果。

（5）【Ctrl+C】复制，【Ctrl+B】复制到底层，将复制后的对象向右向下平移，制作出立体的字体效果，也可以使用【效果】|【3D】|【突出和斜角】制作该效果。选中底部对象，双击【填充色】面板修改其填充色，颜色比顶部对象略暗，制造出阴影效果。

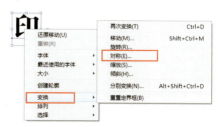
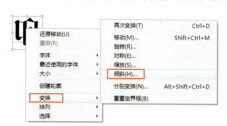

图 6-3-38 制作字体 1   图 6-3-39 制作字体 2   图 6-3-40 制作字体 3

图 6-3-41　制作字体 4

（6）将做好的立体文字与先前的字柱组合在一起，【Ctrl+G】编组，再依照此方法，做出三个相同造型不同内容的字模，该素材的绘制即完成。

三、IH5 操作技巧

素材准备完成后，使用 IH5 工具设计制作作品，本部分将案例分解后详细介绍，以帮助读者快速掌握使用 IH5 进行 H5 基础页面搭建、素材的组织和编辑、动效制作等操作技巧。

1. 新建作品

（1）打开网页版 IH5，点击【我的工作台】，到【我的作品】页面，点击【创建作品】，如图 6-4 创建作品所示。

（2）点击【舞台的属性】，默认作品尺寸为 640*1040px，整个编辑页面，如图 6-5 编辑页面所示。

图 6-45　创建作品　　　　　　　　　　　　　　图 6-46　编辑页面

（3）页面右侧,【对象树】面板下,有一个【舞台】。【对象树】面板下端有一排操作按钮,点击【页面】按钮，新建【页面 1】，如图 6-6 新建页面所示。

（4）点击选中【页面 1】,双击文字或【右键】|【重命名】更改【页面 1】名称为【封面】,将在 PS 中处理好的封面素材直接拖入页面 1 中央，如图 6-7 拖入素材。

图 6-47　新建页面

图 6-48　拖入素材

（5）根据设计图稿，选中需要的素材，拖动其四周的操纵杆，将其缩放至所需大小。调整【封面】下素材图层的叠放顺序，分别双击重命名更改其相应名称，如图6-8摆放素材。

（6）本案例共11个页面，根据【封面】如法炮制，完成【页面2】至【页面10】的素材置入和排版，完成后如图6-9完成效果。

图 6-49　摆放素材

图 6-50　完成效果

2. 设置特效

（1）点击选中封面，开始设置封面特效。设计封面中各素材的动画出现顺序，分为几个层次【背景】|【闪光】|【云层】|【字模】|【人物】|【标题】|【PLAY】，注意先后出现的层级关系。

（2）点击选中【闪光】，在顶部菜单栏中选择【动效】|【闪烁】，点击选中【闪烁】，在左侧的属性栏里设置闪烁动效的属性为【实际时长：2.5s】、【启动延时：1.9s】、【开始前隐藏】、【自动播放】、【循环播放】，如图6-10选择特效，如图6-11设置数据。

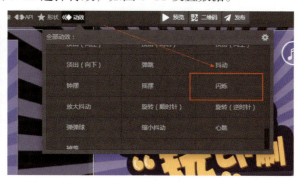

图 6-51　选择特效　　　　图 6-52　设置数据

（3）再次点击选中【闪烁】，添加动效【淡入】；设置【淡入】属性为【实际时长】：1s、【启动延时】：1.8s、【开始前隐藏】、【自动播放】，如图6-12设置数据。

（4）点击【预览】，检查动效效果，如图6-13预览效果。

图 6-53　设置数据图　　　　6-54　预览效果

（5）参照步骤1~4,分别为【云层】|【字模】|【人物】|【标题】|【PLAY】添加不懂动效,注意通过属性中的【启动延时】和【实际时长】来控制动效出现的时间和速度。通过设置【启动延时】时间的不同来控制素材元件的出现顺序。

3. 事件的运用

【事件】是IH5中最重要和使用最多的动能,他通过设定的条件,经操作来触发动效或其他交互反应,使作品和用户形成互动。

（1）回到【封面】。

在本页面中,用户通过点击【PLAY】按钮,切换到下一页,就是通过添加事件完成此效果,如图6-14点击按钮。

（2）选中素材【PLAY】,在右侧的工具栏中,点击【事件】按钮,为素材添加一个事件,如

（3）左侧设置【PLAY】的事件属性,触发条件设置为【点击】,触发对象设置为舞台,触发动作,设置为【下一页】,如图6-16设置事件。

（4）在【对象树】中,点击【页面】按钮,添加【页面2】。点击【预览】|【确定】检查完成效果,如图6-17预览效果。

图 6-55　点击按钮　　图 6-56　添加事件　　图 6-57　设置事件

图 6-58　预览效果

4. 文本及打字效果

（1）点击选中【页面2】,参照步骤6-4,将所有素材拖入画布中,拖动素材四周操纵杆将素材调整至合适位置及合适大小。

（2）此场景中,和剧情人物毕昇进行互动交流的三段对话均设置在【页面2】中,通过点击按钮进行反应来形成对话交互效果。

图 6-59　交互效果

（3）点击页面左侧的工具栏中的文本按钮，在素材【对话框】中，绘制一个适当大小的文本框【文本1】，将对话文本输入文本框。

（4）在属性栏中设置【文本1】的属性。有背景、边框、字体样式行距等。在此案例中，我们设置【文本1】的属性为【字体：Helvetica】、【字体大小：26px】、【行距：10】、【字体样式：加粗】。

（5）调整【文本1】的长宽至对话框合适位置，选中【文本1】，点击页面右侧工具栏中【打字效果】，给文本1添加打字效果。选中【打字效果1】，设置打字效果的属性为【启动延时：1.5s】、【动效时常：4s】、【自动播放：开】。

图6-60　输入文本

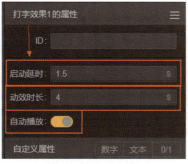
图6-61　文本属性

图6-62　打字效果

图6-63　设定效果

5. 透明按钮及计数器

在此案例中，由于数次的操作点击均在同一区域，且区域下的素材不断变换，所以为了实现对话式的交互，我们不能把事件直接添加在素材上,,而是在页面顶层添加一个【透明按钮】，这样在点击时就不会误触，影响按钮下层的素材变换。

（1）点击选中【页面2】，选择左侧工具栏中【透明按钮】，在【页面2】中，对话框下的按钮位置，绘制一个适当大小的区域，边缘略宽于素材按钮。

（2）在此页面中，需要通过多次点击来实现不同素材的变换，此时我们就需要一个【计数器】的功能，通过对点击次数的计数，让系统辨别应该显示哪个素材。

（3）点击选中【页面2】，在左侧工具栏中点击【计数器】添加在页面中。拖动计数器所在图层至页面底层隐藏。

图6-64　透明按钮

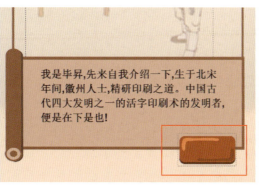
图6-65　素材按钮

图6-66　计数器

（4）点击选中【透明按钮】，右侧工具栏给透明按钮添加一个事件。点击选中此事件，在事件属性面板中，【事件对象】为"透明按钮"、【触发条件】设置为"点击"、【触发对象】设置为"计数器1"、【触发动作】设置为"加一"。此事件的效果为"每当用户点击一次，计数器的数字加一"。

图 6-67　触发动作

（5）按照步骤4-3~4-5为页面添加对话【文本2】、【文本3】及其相应的打字效果，将用户对话的文本素材按顺序从上到下叠加至按钮处。初始状态时，显示【文本1】，素材【恩】，隐藏【文本2】、【文本3】、素材【so】、以及素材素材【好】。

（6）设置【透明按钮1】的事件属性，添加条件【且"计数器"="1"时】，添加动作【文本1】为"隐藏"、素材【恩】为"隐藏"、【文本2】为"显示"、【打字效果2】为"播放"、素材【so】为"显示"。

图 6-68　动作条件

（7）添加条件【且"计数器1"="2"时】，【文本2】隐藏、【文本3】显示、【打字效果3】播放、素材【so】隐藏、素材【好】显示。

图 6-69　增加条件

（8）添加条件【且"计数器1"="3"时】，【计数器1】动作为"赋值"，【值】为"0"。此逻辑语句的效果为：当用户点击到第三次时，计数器的数值重归于零，若此时再次点击则重新加值。

图 6-70　赋值为 0

（9）【Ctrl+S】或点击【保存】保存页面，点击【预览】查看完成效果。

6. 插入音乐及视频

（1）新建【页面4】，将所有素材拖入页面并调整大小至合适位置。

（2）左侧工具栏中，点击【视频】按钮，在页面中的合适位置绘制一个适当所插入视频大小的区域。将视频素材拖入区域中。

（3）在视频属性面板中，设置视频【活字印刷术】的属性为【自动播放：开】、【控制条：开】、【微信全屏：开】、【初始可见：关】。

（4）点击【预览】检查视频播放效果。

（5）将案例中所需的音乐素材拖入页面中，在属性面板中设置素材的属性为【自动播放：开】、【循环播放：开】。

（6）插入已经绘制好的音乐播放图标素材，给其插入一个动效【旋转（顺时针）】，在属性面板中设置动效属性为【实际时长：2.5s】、【自动播放：开】、【循环播放：开】

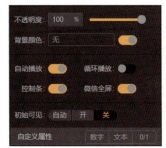

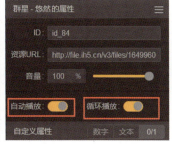

图 6-71　视频属性　　图 6-72　点击预览　　图 6-73　设置音乐素材　　图 6-74　图标属性

（7）添加一个事件，在事件面板中设置该事件的属性为【触发条件】为"点击"、【触发事件】为"群星-悠然：交替播放/暂停"、"旋转（顺时针）：交替播放/暂停"。此事件的效果为"点击音乐图标时，音乐播放/暂停，图标旋转/停止；同时音乐播放时对应图标旋转，音乐停止时图标静止"。

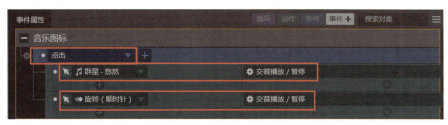

图 6-75　音乐图标属性设置

7. 碰撞事件

在本案例中，我们将传统的活字印刷技术分解成三个步骤，分别根据其工艺流程而设计成三个小游戏，及案例中的【任务一】、【任务二】和【任务三】。在任务一中，用户要根据提供好的铸字用的字模，以及少量提示，来完成一首古诗的排版工作。

游戏的难度在于，字模均为反字，因印刷时左右互置的原理，排版方向也为从右到左，造成一定的识别和操作难度。因此，我们为用户提供了一个提示按钮，通过点击可获得一定提示，同时，少量字模已固定好位置，以便用户甄别判断。

需要达成的效果有：1）字模素材的移动；2）当指定素材移动到正确位置时产生的吸附效果；3）完成所有正确排版时的成功提示。操作步骤如下：

（1）将所有素材导入页面中，调整好各自大小和相互之间叠加的层级关系；

（2）锁定素材【盒子】图层，以免在操作时发生相对位置移动。点击选中图层，【右键】|【锁定】，或选中后点击对象树下端的【锁定】图标。解锁时同样【右键】|【解锁】。

（3）在此游戏中，为了达成"移动字模到正确位置位置周围时，自动吸附到正确位置"的交互效果，我们需要将字模素材分为两个部分：一是用户可以自由移动操作的字模，二是在字模靠近正确位置时显示在准确位置上的字模。当用户在游戏中移动某一字模靠近其在字盒中相对应的正确位置时，原素材隐藏，该位置显示对应字模，从而利用视觉残留印象而达成一种吸附上去的效果。

（4）将所有需要用户移动操作的字模素材的属性，在属性面板中，全部设置为【允许拖动：任意方向】。

（5）素材【盒子】固定位置后，在其中每一个需要填覆字模的位置，分别绘制一个透明按钮，边缘略小于字模大小。如上图所示。将每一个透明按钮的名称，改为对应字模素材区域名称：【右键】|【重命名】|【填写名称】。

  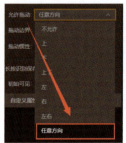 

图 6-76　选中锁定　　　　图 6-77　字模摆放　　　　图 6-78　允许移动　　　　图 6-79　字模重命名

（6）添加碰撞事件。以字模素材【来】字为例，点击选中【来】|【添加事件】；子啊事件面板中编辑事件属性为【触发条件】："开始重叠"、【重叠对象】："来区"、【触发事件】："当前对象：隐藏"、"来：显示"。此事件的效果为"当素材【来动】移动到与来区重叠时，事件对象【来动】隐藏，素材【来显示】"，视觉效果及为：将素材移动到目标区域周边时，素材自动吸附到目标区域。

图 6-80　添加事件

（7）以此类推，将所有需要用户移动的字模素材均如法炮制的添加如上事件。

（8）当用户将所有字模素材移动到其在字盒里的正确位置时，游戏任务完成，我们需要给用户弹出一个成功提示。这个效果也是由计数器来完成的。每当用户将一个字模排列到正确位置，计数器 +1，完成全部 20 个字模的正确排版后，计数器计数为 20，此时成功提示弹出。

（9）为成功素材添加【动效】|【缩小进入】。设定其可见状态为【隐藏】。在页面中插入【计数器 2】，给【计数器 2】添加一个事件，点击事件，在事件面板中设定事件【触发条件】:"等于：值 =20"、【触发动作】:"【成功】|【显示】、【缩小进入】|【重新播放】"。

此事件的效果为:"当用户完成全部排版后，计数器计数为 20，出现成功提示。"

（10）给所有移动的字模素材事件中，添加【触发动作】:"【计数器 2】|【加 1】"。及 "每完成一个字模正确排版，计数器的数字加 1。"

图 6-81　添加计数器事件

图 6-82　触发动作

（11）完成后点击【保存】保存案例，点击【预览】检查编辑好的效果。完成效果如图。

（12）【任务 3】采用的是同等原理，只不过移动的对象只有素材【刷子】和素材【纸 1】。

1）移动【纸 1】至排满版的字盒，在靠近字盒中央的时候自动吸附到正确位置；

2）移动【刷子】在铺好纸的字盒上来回刷动，在纸张上刷出墨迹，即可完成印刷工作。

图 6-83　完成效果

图 6-84　摆放素材

（13）同样采用的是碰撞事件,给素材【纸1】添加一个事件,【触发条件】:"开始重叠"【重叠对象】:"中央区"、【中央区】:"隐藏"、【纸张】:"显示"、【当前对象】:"隐藏",效果及为"【纸1】与字盒中央的透明按钮开始重叠时,素材【纸1】隐藏,正确位置的素材【纸张】显示."

图6-85 开始重叠

（14）素材【刷子】和素材【纸1】的属性设置为【允许移动|任意方向】。给页面添加一个【计数器2】,当素材【刷子】与每一个字模对应区域开始重叠时,目标区域的字迹显现。原理与【任务1】中的字模排版吸附效果相同,素材【字盒】与其上对应字模区域的每一个透明按钮,可直接从【任务1】所在的【页面6】中复制过来。当【计数器2】值为"28"时,完成印刷,触发成功提示,用户完成该任务。完成该页面后点击【预览】检查编辑效果。

8 画布及擦除效果

（1）在【任务1】中,用户完成了字模的排版,随即进入【任务2】,在此任务中,用户需要给在任务1中排好的版刷上墨汁。达成此效果,我们需要使用功能【画布】。

（2）新建【页面8】,将【任务2】所需所有素材拖入页面中,,调整好大小和相应位置后如图所示,在此页面中需要完成的效果有:1）点击墨盒蘸取墨汁;2）用手指在排好的版上涂抹刷上墨汁。

（3）点击选中【页面8】,在页面左侧的工具栏中,点击按钮【画布】,如图6-86,在页面中绘制一个与墨盒同等大小的区域。

（4）要制作出涂抹上墨的效果,其实是把素材分为两部分:一是涂抹前的空白模板,二是上墨后满墨的模板。将空白模板置于【画布】中,上墨后的模板素材置于其底层,通过【画布】的擦除功能,当手指在画布上涂抹时,顶层的空白模板被擦除,露出底层的上墨后素材,从而制造一种涂抹墨汁的效果。

图6-86 完成效果

（5）将素材【上墨前】移动到【画布1】的下级层级。点击选中【画布1】，在左侧的工具栏中添加功能【画图】，拖动其图层于【上墨前】下层。

（6）点击选中【画图】，在左侧的【画图1属性面板】中设置【画图1】的属性为：【橡皮擦：开】。

（7）点击【预览】测试字模版上涂抹擦除。

图6-87　　图6-88　　　　　　　图6-89　橡皮擦　　　　　　　　　　图6-90　涂抹擦出
画布按钮　画图按钮

（8）点击选中素材【砚台】，给其添加一个事件，在事件属性面板中设置【触发条件】："点击"、【触发动作】："【画图】|【显示】、【上墨前】|【隐藏】"。设置此事件的目的是，用户需要在点击砚台之后才能开启画布功能，相当于"蘸墨"。点击之前，在空白模板上涂抹无效。

图6-91　设置显示隐藏

（9）点击【预览】查看编辑效果，点击【保存】保存操作。效果如图。至此，该案例中所运用到的IH5技术难点均已讲解完毕。

四、实战操作

在前面的学习中，我们已经了解了制作H5作品的一些技术难点，下面我们通过实战练习来完成完整案例。本案例选用的是《毕昇带你玩印刷中》的游戏部分，分为【任务一】【任务二】和【任务三】。下面我们通过在IH5中的操作来完成该案例，案例素材的制作可选用AI软件由读者自行完成，在此不再赘述。

1. 任务一：排版

（1）打开IH5的编辑页面，新建【页面5】，将页面一所需素材拖入画布中，移动素材图层调整素材层级，按钮、文字和对话框置于上层，效果如图6-3-3。

（2）点击选中【页面一】,在左侧工具栏中选择【文本】工具,在页面对话框的相应位置拉出一个适当大小的文本框【文本一】,边缘略小于对话框。在文本框中输入人物对话文字。

点击选中【文本一】,在【文本一的属性】面板中设置【文本一】属性为【字体:Helvetica】、【字体大小:26】、默认字体颜色为黑,行距为10。

（3）在右侧工具栏中,给【文本一】添加打字效果,设置【打字效果1】的属性为【启动延时:2.7s】【动效时长:2s】【自动播放:开】。

（4）点击【对话框】|【动效】|【淡入】，添加淡入动效，设置动效属性为:【实际时长:0.3s】、【启动延时:2.3s】、【开始前隐藏:开】、【自动播放:开】。

图6-3-3 新建页面

（5）点击【左云】|【动效】|【飞入（从左）】;点击【右云】|【动效】|【飞入（从右）】;点击【任务】|【动效】|【中心弹入】;点击【排版】|【动效】|-【心跳】|【弹性进入】;点击【上墨】|【动效】|【弹性进入】;点击【印刷】|【动效】|【弹性进入】;设置各个动效不同的启动时间,使启动顺序为【任务】|【左右云】|【排版】|【上墨】|【印刷】|【对话框】|【文字】|【动效:心跳】。

6-3-4 设置文字

图6-3-5 打字效果

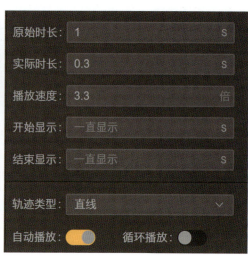

图6-3-6 添加动效

图6-3-7 添加动效

（6）点击【淡入】|【事件】;【触发条件:结束】、【触发对象:心跳】、【触发效果:播放】。

点击【排版】|【事件】;【触发条件:点击】、【触发对象:舞台】、【触发效果:跳转到页面:页面6】。

（7）将所有【页面6】所需素材导入页面,通过在对象树中移动图层来调整素材相互之间的层级和叠压关系。将成功提示置于最上层,点击"眼睛"图标将其隐藏。

（8）点击左侧工具栏中的工具【对象组】,选中该素材图层【右键】|【重命名】将其名

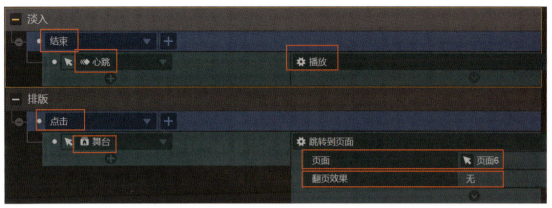

图 6-3-8　添加事件

称更改为"提示语组",所有提示语均放置在该组别下,该组别放置在成功提示之下。最下层是背景,中间层是各个字模素材和对应的素材感应区域。

（9）将字盒中每一个字模所在位置的对应区域,绘制出一个大小略小于区域边缘的透明按钮,该按钮将用于感应字模出现时触发相应效果。将每个透明按钮【右键】|【重命名】,改成相应的字模名称区域。完成后效果如图。

图 6-3-9　完成效果

（10）以字模素材【来】字为例,点击选中【来】|【添加事件】;在事件面板中编辑事件属性为【触发条件】:"开始重叠",【重叠对象】:"来区",【触发事件】:"当前对象:隐藏","来:显示"。

图 6-3-10　添加事件

此事件的效果为"当素材【来动】移动到与来区重叠时,事件对象【来动】隐藏,素材【来显示】",视觉效果即为:将素材移动到目标区域周边时,素材自动吸附到目标区域。

将所有字模均添加该事件,每一个字模的触发对象为其对应区域的透明按钮,每当事件对象与触发对象开始重叠之时,事件被触发,当前事件对象隐藏,对应区域的正确字模素材显示。如此法炮制,在其余的 19 个移动的字模素材上设定好相应的事件。

（11）点击选中【页面 6】,在左侧工具栏中点击【计数器】,为页面添加【计数器 2】,点击【计数器 2】,在右侧工具栏中给其添加一个事件,设置事件为【触发条件|值|等于:20】、【触

（续）

发事件丨素材【成功】丨显示丨动效【缩小进入】丨重新播放】。

6-3-11　添加计数器

（12）页面添加【计数器2】之后，为每一个移动的素材的事件，加上【触发事件丨【计数器2】丨加1】。设置完成之后，每当一个字模素材移动到正确的位置，计数器的数值就会相应加一，当数值加到20时，即每一个字模都已还原到正确的对应区域，此时页面显示【成功】图标并播放相应特效。

图6-12　添加计数器

（13）给页面添加【计数器1】，点击眼睛图标将其隐藏或置于页面底层，之前在AI中，我们已经做好了相应的素材【提示图标】，此时选中该素材，右侧工具栏给其添加一个事件。

（14）设置事件属性为:【触发条件丨点击】、【触发事件丨点击且计数器=1时，【提示2】丨隐藏同层控件】、【触发事件丨点击且计数器=2时，【提示3】:隐藏同层控件、【计数器1】丨赋值=0】。

（15）设置好该事件之后，每当用户点击一次【提示图标】，【计数器1】的数值加一，当数值为2时归零。也就是说，计数器的数值在1、2之间来回转换，不同的数值分别对应不同的提示语，以达到不同提示轮番切换的效果。

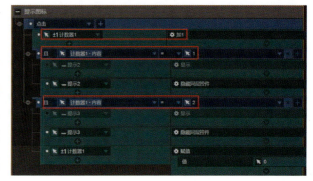

图6-3-13　制作提示按钮

2. 任务二: 上墨

（1）【页面7】同样是三个任务的菜单页面，所以素材和布局大致与【页面5】相同，与【页面5】不同的是，此页面中，需要将用户引导至任务2的游戏中，所以，我们将【页面5】的素材全部选中【右键】丨【复制】，点击选中【页面7】丨【粘贴】。

（2）将素材【排版】中的动效【心跳】，移动到素材【上墨】之上，【排版】上的事件去除，为素材【上墨】添加事件如图。

图 6-3-14　新建页面

（3）将所有相关素材导入页面，同样是背景置于底层，提示置于上层，成功图标置于顶层，点击【眼睛】按钮将成功图标隐藏。

（4）点击左侧工具栏中的【文本】按钮，给提示框添加提示语【文本1】、【文本2】，分别给两个文本添加【打字效果】，开始时隐藏。

图 6-3-15　添加画布

（5）点击选中【页面8】，左侧工具栏中选择工具【画布】，将素材【上墨前】图层拖动到【画布】层级下，点击选中【画布】，在左侧工具栏中选择工具【画图】，在页面上绘制出一个与字盒同等大小的画图区域，在属性面板中设置【画图1】的属性为【不透明度:100%】、【背景颜色:无】、【橡皮擦:开】。

（6）将素材【上墨后】置于【画布】层级之下，这样当上层的素材【上墨前】，通过手指涂抹被擦除之后，就会露出下层的【上墨后】素材，造成一种用手指涂抹上墨汁的效果。

（7）点击选中素材【成功】|【动效】|【缩小进入】;点击选中【文本1】|【动效】|【淡出】。

（8）在此页面中，有三个地方需要添加事件。一是素材【砚台】，通过手指点击【砚台】"蘸墨"，才可以开启画布的功能，达到涂抹的效果。二是在上墨完成后点击的【完成按钮】，通过点击触发特效。三是在任务成功后出现的文本提示语。四是效果结束后转换到下一页。

（9）点击选中素材【砚台】，右侧工具栏给其添加一个事件，在事件属性面板中设置事件属性为【触发条件:点击】、【触发事件:画图1】:显示、【上墨前:隐藏】。

图 6-3-16　添加事件

（10）点击选中素材【完成按钮】，右侧工具栏给其添加一个事件，在事件属性面板中设置事件属性为【触发条件:点击】、【触发事件:成功】:显示、动效【缩小进入:重新播放】。

图 6-3-17 添加事件

（11）点击选中素材【成功】动效【缩小进入】，右侧工具栏给其添加一个事件，在事件属性面板中设置事件属性为【触发条件：结束】、【触发事件：|提示7|：显示、【文本1】：显示、动效【打字效果1】：播放、动效【淡出】：重新播放、【文本2】：隐藏、【提示框】：隐藏】。

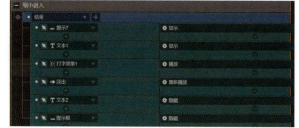

图 6-3-18 添加事件

（12）点击选中【文本1】上的动效【淡出】，右侧工具栏给其添加一个事件，在事件属性面板中设置事件属性为【触发条件：结束】、【触发事件|舞台|下一页】。

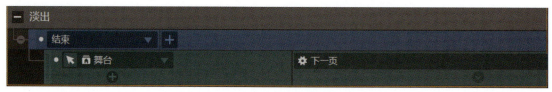

图 6-3-19 添加事件

3. 任务三：印刷

（1）【页面9】又回到了游戏任务的菜单页面，素材和布局与【页面5】和【页面7】相同，此页面中，需要将用户引导至任务3的游戏中，所以，我们将【页面7】的素材全部选中|【右键】|【复制】，点击选中【页面9】|【粘贴】

（2）将素材【上墨】中的动效【心跳】。移动到素材【印刷】之上；在【心跳】的属性面板中设置属性为：【实际时长：0.8s】、【启动延时：2s】、【循环播放：开】。

图 6-3-20 设置动效

（3）【上墨】上的事件去除，为素材【印刷】添加事件如图。

图 6-3-21 添加事件

（4）此页面的原理与【任务一】中大致相同，不过移动的素材只有【刷子】一个，当事件对象【刷子】移动到对应的字模区域时，该区域的文字显示出来，制造出一种刷子在纸张上刷过背面显现出墨迹的效果。将所有相关素材导入页面，同样是背景置于底层，提示置于上层，成功图标置于顶层，点击眼睛按钮将成功图标隐藏。

（5）此页面中，每个字模对应区域的透明按钮可以用【任务一】页面5中直接复制过来，与字盒的位置对整齐。

（6）点击选中【页面10】，点击左侧工具栏的文本工具，添加【文本1】、【文本2】，在拖出的文本框中输入相应的人物对话和提示文字，并给【文本1】、【文本2】在右侧的工具栏中添加【打字效果】。

（7）点击选中素材【成功】|【动效】|【缩小进入】；设置该动效属性为【实际时长：1s】【启动延时：1.5s】、【开始前隐藏：开】。

图 6-3-22　添加动效

（8）点击选中素材【印刷成品】|【动效】|【旋转进入】；点击选中【文本1】|【动效】|【淡出】，设置动效属性为：【实际时长：0.2s】、【启动延时：3.7s】、【开始前隐藏：关】。

（9）点击左侧工具栏中【计数器】，添加【计数器2】。右侧工具栏给其添加一个事件，设置事件属性为：【触发条件|等于|值：28】、【触发事件|【成功】|显示、【缩小进入】：重新播放、【印刷成品】：显示、【旋转进入】：重新播放】。

图 6-3-23　添加动效

（10）点击选中素材【刷子】|【添加事件】；在事件面板中编辑事件属性为【触发条件】："开始重叠"、【重叠对象】："来区"、【触发事件:【来】：显示、【来区】：隐藏、【计数器2】：加1】。

图 6-3-24　添加事件

图 6-3-25　添加事件

（11）在事件属性面板中，点击【事件】给刷子再添加一个事件，编辑事件属性为【触发条件】："开始重叠"、【重叠对象】："征区"、【触发事件:【征】：显示、【征区】：隐藏、【计数器2】：加1】。

图 6-3-26　添加事件

（12）以此类推，在刷子上不断添加事件，每当刷子与一个相应的透明按钮区域开始重叠，则纸张上对应的字迹显现，直到完成全部 28 个事件的设置。

（13）点击左侧工具栏的工具【透明按钮】，在页面中的字盒中心位置绘制出一个透明按钮【中央区】，当移动的小纸张碰到该按钮后，原素材消失，字盒位置的纸张显现，造成一种吸附效果。

（14）点击选中素材【纸1】，右侧工具栏给其添加一个事件，设置事件属性为：【触发条件：开始重叠】、【重叠对象：中央区】、【触发事件：【中央区】：隐藏、【纸张】：显示、【当前对象】：隐藏】。

图 6-3-27　添加事件

（15）点击素材【成功】的动效【缩小进入】，右侧工具栏给其添加一个事件，设置事件属性如下：【触发条件：结束】【触发动作：【提示4】：显示、【文本2】：隐藏、【提示】：隐藏、【文本1】：显示、【文本1打字】：播放、【淡出】：播放。

图 6-3-28　添加事件

图 6-3-29　添加事件

（16）点击【文本1】的动效【淡出】，右侧工具栏给其添加事件，设置事件属性为：【触发条件：结束】、【触发动作：【舞台】：下一页】。

图 6-3-30　添加事件

4. 结束语

（1）点击【舞台】|【页面】|新建【页面11】。将所有相应素材从文件夹拖入到页面当中，拖动图层调整素材层级并放置到合适位置。左侧工具栏中选择文本工具，在页面的素材对话框的位置，拉出一个文本框，并输入对应的人物对话。

（2）设置【文本1】的属性为：【字体：Helvetica】【字体颜色：#FFD3B6】【字体样式：加粗】、默认行距和分布。在右侧工具栏中，给【文本1】添加打字效果。

图 6-3-31　设置文字

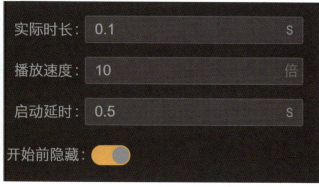

图 6-3-32　添加动效

（3）点击选中素材【手指】【动效】【淡入】，设置动效属性为【实际时长：0.1s】、【启动延时：0.5s】、【开始前隐藏：开】。

（4）点击选中背景素材【闪光】【动效】|【转动】，点击选中动效【转动】，在属性面板中设置动效属性为：【实际时长：4s】、【开始前隐藏：关】、【自动播放：开】、【循环播放：开】。

图 6-3-33　添加动效